# 民商法
## 理论热点及实务研究

MINSHANGFA LILUN REDIAN
JI SHIWU YANJIU

陈 萍 桂 舒 文小梅 丁福灵 / 著

四川大学出版社

# 图书在版编目（CIP）数据

民商法理论热点及实务研究 / 陈萍等著． — 2 版
． — 成都：四川大学出版社，2022.7
ISBN 978-7-5690-4111-8

Ⅰ．①民… Ⅱ．①陈… Ⅲ．①民法－研究－中国②商法－研究－中国 Ⅳ．①D923.04

中国版本图书馆 CIP 数据核字 (2021) 第 000837 号

---

| 书　　名： | 民商法理论热点及实务研究 |
|---|---|
| | Minshangfa Lilun Redian ji Shiwu Yanjiu |
| 著　　者： | 陈　萍　桂　舒　文小梅　丁福灵 |

---

选题策划：徐　凯
责任编辑：徐　凯
责任校对：毛张琳
装帧设计：墨创文化
责任印制：王　炜

---

出版发行：四川大学出版社有限责任公司
　　　　　地址：成都市一环路南一段 24 号（610065）
　　　　　电话：(028) 85408311（发行部）、85400276（总编室）
　　　　　电子邮箱：scupress@vip.163.com
　　　　　网址：https://press.scu.edu.cn
印前制作：四川胜翔数码印务设计有限公司
印刷装订：四川省平轩印务有限公司

---

成品尺寸：170mm×240mm
印　　张：12.5
字　　数：205 千字

---

版　　次：2018 年 1 月 第 1 版
　　　　　2022 年 7 月 第 2 版
印　　次：2022 年 7 月 第 1 次印刷
定　　价：58.00 元

---

本社图书如有印装质量问题，请联系发行部调换

版权所有 ◆ 侵权必究

四川大学出版社
微信公众号

# 目 录

## 第一篇　物权法类理论热点及实务研究

第一章　集体土地征收补偿与征收程序之完善……………………（ 3 ）
第二章　农村宅基地及房屋流转路径之思考…………………………（ 13 ）
第三章　小产权房交易障碍与"转正"之契机………………………（ 22 ）
第四章　抵押权的"顺位升进主义"与"顺位固定主义"之选择
　　　　………………………………………………………………（ 30 ）

## 第二篇　知识产权法类理论热点及实务研究

第一章　商品与服务类似的判定及商标与他人权利的平衡………（ 45 ）
第二章　著作权侵权中思想表达二分法及实质性相似的认定……（ 57 ）
第三章　职务发明的认定与内部协议效力判断………………………（ 68 ）
第四章　商标与企业名称简称相同的不正当竞争认定………………（ 78 ）

## 第三篇　银行保险法类理论热点及实务研究

第一章　金融消费者权益保障制度及实务研究………………………（ 93 ）
第二章　互联网金融法律制度及实务研究……………………………（106）
第三章　保险消费者权益保护理论及实务研究………………………（114）
第四章　保险消费者权利之限制法律制度及实务研究………………（130）

## 第四篇 证券期货法类理论热点及实务研究

第一章 内幕交易的认定…………………………………………(149)

第二章 非法期货交易合约的效力认定…………………………(162)

第三章 场外股票融资合同的效力认定…………………………(171)

第四章 金融消费者的保护………………………………………(181)

# 第一篇
# 物权法类理论热点及实务研究

《中华人民共和国物权法》（简称《物权法》）由十届全国人大五次会议通过，并于2007年10月1日起实施。《物权法》的制定和实施，对我国社会主义市场经济的健康发展、各类民事主体权利的保护，以及构建社会主义和谐社会具有重大的现实意义和深远的历史意义。《物权法》是关于民事主体对财产归属和利用的法律规则，是现代民法的重要组成部分，与国家经济体制改革紧密相连，与百姓的生活息息相关。然而，随着经济体制改革的进一步深化、经济发展方式的转变、社会结构调整的加快，以及社会经济关系的复杂化，《物权法》在实施过程中出现了权利配置的失衡、法律适用的困惑和法律效果的偏差等诸多问题，需要在理论上作出深入的研究。为此，本篇选取四个司法实践中的典型案例，即对土地征收补偿费分配、农村宅基地及房屋的流转、小产权房交易、抵押权的"顺位升进主义"与"顺位固定主义"四个热点问题进行法理评析，并在此基础上对某些具体制度予以前瞻性分析，就其学术研究和法律适用中的疑难问题作重点整理与深入探讨，并依据我国现行法律法规或法理提出解决方案，以期能为我国《物权法》的完善提供借鉴。

# 第一章　集体土地征收补偿与征收程序之完善

### 理论热点

我国实行土地二元所有制，即土地所有权分为国家土地所有权和集体土地所有权。农村集体土地只有通过国家征收才能改变所有权主体和所有权性质。随着城镇化工作的快速开展和基础设施建设需要的增加，建设用地需求不断加大，国有土地中可供建设用地使用的数量越来越不能满足实际需要，各地政府不断加大征地拆迁的规模，将农村集体土地收归国家。集体土地征收是指国家出于公共利益的需要，依照法律规定的程序，依法对被征用土地相关主体进行补偿后，将原属于农村集体经济组织所有的土地征为国家所有的行为。目前来看，集体土地征收中争议较大的法律问题主要有：一是对公共利益范围的界定，二是征地补偿标准的制定与补偿费用的合理分配，三是征收程序的完善。

### 案例简介

**龙某等诉某村村民委员会等土地征收补偿费分配纠纷案**

原告龙某诉称：其父龙某某与母亲石某某生前未生育男孩，只生育了原告四姐妹，四原告先后结婚。第一轮及第二轮土地承包期间，四原告的父母在某村承包有田、土、荒山。四原告的父母年老后由四原告自行赡养。2002年2月，四原告的母亲病故是四原告自行安葬。2011年

3月父亲龙某某病故,也是四原告自行安葬。2013年年初,因县政府建设用地将原告父母生前承包的土地、荒山征用,同时原告父母生前所在的村其他农户与集体土地一并被征用。四原告父母的土地测量后,二被告某村村委会和某村民组不同意登记在原告的名下,也不同意将土地征用补偿费用分配给四原告,经多次要求解决未果。特向法院起诉请求判决:1. 二被告将四原告父母生前承包的集体土地、荒山的征地补偿费给付原告;2. 二被告将四原告父母应获得的集体土地、山林的征地补偿费20040元给付四原告。

被告某村委会辩称:四原告已经外嫁到外村,并且在其居住地已承包有土地,四原告的母亲石某某、父亲龙某某病故后是四原告安葬的,该村村民认为四原告现已不属于该村,原告四人不能享受土地征收补偿费。纠纷发生后村委会曾组织调解,因四原告未参加而没有调解结果。现四原告已向法院起诉,请法院依法判决。

被告某村民组辩称:四原告已经出嫁到外村,并且在其居住地已承包有土地,四原告的母亲石某某、父亲龙某某病故后是四原告安葬的,石某某与龙某某生前所有房屋财产及宅基地、自留地在石某某、龙某某死后已被四原告处理给该村村民龙某甲。四原告现已不是该村村民,原告四人不能享受土地征收补偿费,应当驳回四原告的诉讼请求。

原告为证明自己的主张,在举证期限内向本院提交了以下证据:

1. 身份证:证明原告的身份情况及诉讼主体资格。

2. 龙某某生前土地承包证:证明四原告的父亲龙某某生前在该村组承包有2人的土地、山林。

两被告村在举证期限内均未提交证据。

经庭审质证:被告对原告提交的证据1、2没有异议。

经审理查明:四原告的父亲龙某某与母亲石某某生前生育了原告姐妹四人,四原告先后结婚,已将户口迁往现户籍所在地,并在户籍所在地各自承包有土地。第一轮及第二轮土地承包期间,龙某某与石某某在所在村承包有田、土、荒山,面积共计4.6亩(田1亩、土1.6亩、荒山2亩)。四原告的父母年老后由四原告自行赡养。2002年2月,四原告的母亲病故是四原告自行安葬。龙某某生前将其土地转包给龙某甲耕种,每年付给龙某某稻谷700斤。龙某某生前将其房屋及周围自留地有偿转让给龙某甲。2011年3月，龙某某病故，是四原告自行安葬。2013年年初，因县政府建设用地，将原告父母生前承包的土地、荒山征用，同时原告父母生前所在村其他农户与集体未承包的土地一并被征用。该村集体未承包的土地的征地补偿款已拨付，群众集体讨论按第一轮土地承包人口与现有人口两种方式对该土地征地补偿款进行分配。按承包人口分配每人分9600元，按现有人口分配每人分420元。按第一轮土地承包时的承包人口分配龙某某与石某某每人应得9600元，合计19200元。其他承包户原承包人死亡的按土地承包时承包人口每人分9600元。已承包的土地按现有承包户测量登记，土地征用费归承包户所有。已承包给农户的被征用土地的补偿款政府未拨付。龙某某生前承包的土地、荒山经征地测量后登记在龙某甲名下。村民以四原告现已不是该村的承包户，不同意将龙某某、石某某应享有的承包土地征用补偿款分配给四原告。四原告于2013年10月11日向本院提出如前所诉。

另查明：四原告父亲生前承包的土地在征地测量时登记在龙某甲名下，因四原告庭审前没有提供龙某某生前承包土地的测量登记人姓名，也没有对测量位置进行确认，龙某某生前承包土地的测量面积无法查明。庭审中四原告表示该土地的征地费用政府没有拨付到位，待查清土地测量面积后由四原告另行解决。

## 审理结果

当地人民法院审理认为，依照《中华人民共和国农村土地承包法》第十六条的规定："承包方享有下列权利：（二）承包地被依法征收、征用、占用的，有权依法获得相应的补偿。"第三十一条规定："承包人应得的承包收益，依照继承法的规定继承。林地承包的承包人死亡，其继承人可以在承包期内继续承包。"《中华人民共和国民法通则》第五条规定："公民、法人合法的民事权益受法律保护，任何组织和个人不得侵犯。"《中华人民共和国继承法》第三条规定："遗产是公民死亡时遗留的个人合法财产，包括：（一）公民的收入；（二）公民的房屋、储蓄和生活用品；……（七）公民的其他合法财产。"被告在被征用的本组未承包土地征地补偿款划拨到本组后，经村民集体讨论按原土地承包人口与现有人口两个方案对该土地征用补偿款继续分配，按土地承包人口龙某某与石某某每人应分得9600元，合计19200元，该19200元应为龙某某与石某某承包应得的个人收益。因龙某某与石某某已病故，该收益应作为遗产由四原告继承参与分配。因龙某某、石某某在土地被征用前已病故，不能按现有人口计算参与对本组未承包土地征用补偿款的分配，对四原告要求分配集体土地征用补偿款840元的请求，本院依法不予支持。被告应将集体土地征用补偿款19200元支付给四原告，村委会没有扣留该土地补偿款不承担付款责任。对四原告关于龙某某承包土地征用补偿款分配问题，待四原告核实测量面积后另行解决。为维护公民、法人的合法权益，根据《中华人民共和国农村土地承包法》第十六条第（二）、第三十一条，《中华人民共和国民法通则》第五条，《中华人民共和国继承法》第三条、第四条之规定，判决：一、被告在判决书生效后10日内给付原告龙某盆、龙某花、龙某含、龙某秋土地征用补偿款19200元。二、驳回原告龙某盆、龙某花、龙某含、龙某秋的其余诉讼请求。

### 法理评析

根据《物权法》第四十二条第二款和《土地管理法》第四十七条的规定，征地补偿费包括土地补偿费、安置补助费、地上附着物和青苗的补偿费等费用。在征地补偿费用分配中，就安置补助费和地上附着物及青苗的补偿费引发的纠纷较少，发生纠纷最多的是土地补偿费分配。因为根据《土地管理法实施条例》第二十六条，土地补偿费归农村集体经济组织所有，且如何分配由村集体决定；而土地征收虽然是国家对集体土地所有权的征收，但承包人享有该集体所有土地的承包经营权，征收集体土地实际上承包人的土地承包经营权也被征收，因此，承包地被征收的土地承包经营权人认为其有权分到土地补偿费。

本案争议的焦点为土地征地补偿款是否属于遗产范围。

本案土地征用补偿款可以作为遗产继承。虽然我国农村集体土地实行的是家庭联产承包责任制，根据《中华人民共和国农村土地承包法》第十五条之规定，家庭承包的承包方是本集体经济组织的农户，即家庭承包是以农户为单位而不是以个人为单位。家庭成员之一死亡的，若家庭还有其他成员，则并不能导致农户的消亡，农村土地承包合同并未终止，故以家庭为单位的农村承包土地并不发生继承，土地征用补偿款不能作为遗产继承。但是本案中，龙某某与石某某的四个女儿先后结婚，已将户口迁往现户籍所在地，并在户籍所在地各自承包了土地。龙某某与石某某属于一户，承包有田、土、荒山，面积共计4.6亩（田1亩、土1.6亩、荒山2亩）。在龙某某与石某某死亡后，依照法律规定，其从死亡之日起即丧失集体经济组织成员资格，作为承包方的这一户已不存在，土地承包经营权发生消灭，农村土地承包合同终止。本案争议的土地征用补偿款依法属于龙某某与石某某死亡时留有的个人合法财产，属于遗产范围，应按照《继承法》的规定进行继承。龙某盆、龙某花、龙某含、龙某秋作为龙某某与石某某的女儿对该笔土地征用补偿款有分配资格。

### 理论探讨

由于我国现行集体土地征收的法律规定和政策规定不够完善，以及相关法律法规在贯彻实施中存在不妥做法，引起失地农民的不满，因土地征收而产生纠纷，造成了诸多矛盾，农民上访及恶性事件时有发生。当然，集体土地征收中的有关问题也越来越引起人们的关注和思考。笔者认为可以从以下几个方面来完善集体土地征收制度。

## 一、明确征收范围，防止公共利益"空心化"

实践中，对公共利益进行范围界定相当困难，政府为保证土地财政收入，将公共利益从公共设施、公益事业等狭义概念扩大到经济建设的全部领域，"公共利益"这一概念逐渐被"空心化"。要防止"空心化"的公共利益成为不当干预私法自治的借口，避免以公共利益这一"玫瑰之名"扼杀私法自治[①]，笔者认为，应该在未来出台的《集体土地征收

---

[①] 谢鸿飞：《公共利益·国家强制·私法自治》，载于《人民法院报》，2004年9月29日。

补偿条例》中对"公共利益"进行明确界定。具体可借鉴《国有土地上房屋征收与补偿条例》第八条的规定①，采用类似列举兼概括式方法来界定公共利益，限制公共利益的范围，同时借鉴条文中"确需"一词的含义，确立比例原则对土地征收权启动的限制，抑制公共利益本位主义，使以"公共利益"为目的的征收符合"公众所获得的利益一定要大于因此而失去权利的主体所丧失的利益之和"的宗旨。通过界定，明确区分"公共利益"用地与"非公共利益"用地，将国家征地行为仅仅限于公益性用地范围。对于"非公共利益"的用地情形，如"经营性建设用地"，由市场交易方式直接使用，实行与国有土地同等入市、同权同价，真正实现新型城镇化下城乡一体化发展，缩小征地范围。

## 二、规范征收程序：保障被征地人的知情权和参与权

我国土地管理法及实施条例对建设用地的规划、批准及其实施方案作了具体规定。然而，征收程序实际操作混乱，拆迁决策程序不公开、不透明，被征地农民往往处于被忽视状态，不但不听取他们的意见，而且出现未与承包土地农民签订任何征地补偿合同，甚至补偿方案未出台就开始拆迁的情况。像这样"民生工程民不知"的新闻并不鲜见。如震惊全国的"平度3·21纵火案"中被征地者死前仍然不知道自己的土地已在几年前被"合法征收"。②在征地过程中，无论是承包地，还是宅基地，只有土地所有权人才有权参与征地相关程序，而土地使用权人，作为民事权利主体的个体，其他程序性参与权利一概没有。③社会公众

---

① 《国有土地上房屋征收与补偿条例》第八条规定："为了保障国家安全、促进国民经济和社会发展等公共利益的需要，有下列情形之一，确需要征收房屋的，由市、县级人民政府作出房屋征收决定：（一）国防和外交的需要；（二）由政府组织实施的能源、交通、水利等基础设施建设的需要；（三）由政府组织实施的科技、教育、文化、卫生、体育、环境和资源保护、防灾减灾、文物保护、社会福利、市政公用等公共事业的需要；（四）由政府组织实施的保障性安居工程建设的需要；（五）由政府依照城乡规划法有关规定组织实施的对危房集中、基础设施落后等地段进行旧城区改建的需要；（六）法律、行政法规规定的其他公共利益的需要。"

② 《平度纵火案背后的调查 九问征地疑云》，http://news.qingdaonews.com/qingdao/2014-03/26/content_10348749_all.htm，访问时间：2015年11月7日。

③ 杨遂全：《民生工程民众事先知情权与土地使用权中的程序权》，见杨遂全：《民商法争鸣》，北京：法律出版社，2014年版。

（尤其是土地使用权人）没有表达意见和诉求的途径，其参与权受到极大限制，而国家土地征收行为具有较大的单方性、职权性、强制性，导致征收方与被证收方信息极不对称，被征地农民无法在征收决策程序中表达自己的意志和利益，比如政府作出的"公共利益"的认定、征收安置方案的设计等决策，被征地农民都无法参与，在征收中处于极为被动的地位，不可避免地遭受利益损害。"任何人都不能做自己案件的法官……对当事人作出不利决定时，应听取其意见。"[①] 土地征收关系农民的切身利益，因此，在土地征收过程中，被征地农民必须享受知情权和参与权，这是正当程序的要求，是监督征收程序合法进行和保障农民自身权益的程序性权利。笔者建议从两个方面保障被征地农民的知情权和参与权。第一，建立"公共利益"认定程序。正如前文所述，公共利益的认定是土地征收启动的前提，我国制定《集体土地征收补偿条例》时，要明确界定"公共利益"，缩小土地征收范围。同时，笔者认为应该建立"公共利益"认定程序，建立事前调查协调制度，由有关专家、人大代表、村委会和当地村民代表组成调查小组，通过实地走访、调查问询等方式对需要进行土地征收区域的"公共利益"形成初步审查意见。同时，在立法上赋予被征收人对"公共利益"认定的异议权，被征收人对"集体土地征收符合公共利益需要"持有异议的，可以向调查小组提出，并由调查小组组织争议方等进行讨论，认为异议成立的，应当终止征收；异议不成立的，异议人可以向司法机关寻求司法救济。通过事前审查协调方式，可以改变行政机关单方面作出土地征收决策的局面，有利于扩大人民群众的知情权和参与权，保证公共决策的科学性和民主性，防止土地征收源头出现偏差。此外，由人大负责土地征收项目的审议，并对征地的实施进行监督。第二，建立征地补偿安置方案听证制度，保证被征地人实际参与征地补偿安置谈判程序。征地安置补偿是土地征收的重要内容，直接关系到农民的切身利益，但实践中，很多地方对征地补偿仅有村委会、乡镇政府作为被征收方参与，被征地农民往往被排除在程序之外，甚至连补偿协议的内容都不知情。因此，应保证

---

① ［美］戈尔丁：《法律哲学》，齐海滨译，北京：生活·读书·新知三联书店，1987年版，第245页。

被征收人实际参与征地补偿安置谈判程序，了解土地的补偿标准及依据，进而维护自己的合法权益。笔者建议应将听证程序规定为事前程序和必要程序（非任意程序），须在政府作出征收决定前进行，否则听证程序将形同虚设，且易出现"先斩后奏"现象；同时，为确保被征收人的利益和诉求得以充分表达，听证会的组成人员中被拆迁人的比例应不少于二分之一。

## 三、构建适应城乡一体化的土地征收补偿制度

新型城镇化与传统城镇化的最大不同在于：新型城镇化是以人为核心的城镇化，注重保护农民利益，与农业现代化相辅相成。这就要求农村土地制度改革必须以农民的利益为基础，切实保护农民的土地权益。[①] 在土地征收过程中，征地补偿涉及农民切身利益，也是被征地农民最关心的问题，若处理不当必然会引发各种矛盾。而我国现行立法对土地征收补偿的规定存在补偿标准低、补偿范围窄和补偿方式单一的问题，笔者建议可通过以下三个方面予以完善：

第一，明确以市场价值为依据的公平补偿原则。《土地管理法》第四十七条规定：农村征地补偿费用包括土地补偿费、安置补助费以及地上附着物和青苗补偿费。其中，土地补偿费为该耕地被征用前3年平均年产值的6至10倍；安置补助费按照需要安置的农业人口数计算，每一个需要安置的农业人口的安置补助费标准，为该耕地被征用前3年平均年产值的4至6倍，但土地补偿费和安置补助费之和不得超过土地被征用前3年平均年产值的30倍；地上附着物和青苗补偿费是指对在被征收土地上尚未成熟的农作物、林木及其他具有一定价值的经济作物和建筑物及其他设施的补偿。可见，土地征收补偿的计算方式为"产值倍数法"，这一标准远低于市场价值，没有考虑土地增值因素，只按照被征收土地的农业用途给予补偿，而农地产值相对不高，因此补偿费用偏

---

① 刘华：《新型城镇化进程中农村土地制度改革：何去何从》，载于《上海国土资源》，2015年第1期。

低，农民享受不到工业文明和城市化带来的土地升值益处。① 尤其不能简单地把宅基地上修建的房屋视为地上附着物进行补偿，"在一些地方，房屋最高补偿标准每平方米仅为 400 元，农民一处房屋不如城市一个厕所值钱"②。宅基地上的房屋是农民唯一享有所有权的不动产，不予作为独立征收对象补偿，这严重侵害了农民的合法权益，且严重背离《物权法》保护私有财产的精神。建议修改《土地管理法》"按照被征收土地的原用途给予补偿"的规定，提高土地补偿标准，应以市场价值为依据，考虑土地的升值因素，实行公平补偿。

第二，将土地用益物权纳入补偿范围。我国国家层面上对集体土地用益物权征收补偿规定的立法基本上属于缺失状态，主要体现在征收范围未包括宅基地使用权和土地承包经营权。《物权法》第一百二十一条规定："因不动产或者动产被征收、征用致使用益物权消灭或者影响用益物权行使的，用益物权人有权依照本法第四十二条、第四十四条的规定获得相应补偿。"但《物权法》第四十二条仅对个人住宅的征收作了规定，而对宅基地使用权的征收补偿并未作出规定。梁慧星教授主持编写的《中国民法典草案建议稿》指出，"国家为了社会公共利益的需要，可以征收基地使用权，但应依法对基地使用权人给予补偿"，将建设用地使用权与宅基地使用权统称为基地使用权，体现了城乡统筹中公平正义对待城市和农村土地使用权。有学者认为，宅基地使用权是无偿获得且无期限限制的用益物权，随着集体土地所有权的征收而消灭，不应给予补偿。但反思宅基地的特殊历史形成过程，无偿无期限并不能成为征收不予补偿的理由，其作为农民生活生产的基本保障场所，实际上已经演变为农民的私产，不予补偿明显违背公平正义。土地承包经营权是关系到农民生存和发展的一项重要财产权，对于土地承包经营权的补偿，《物权法》第一百三十二条规定："承包地被征收的，土地承包经营权人有权依照本法第四十二条第二款的规定获得相应补偿。"但实际上由于《土地管理法》和《土地管理法实施条例》并没有进行相应的修改，使得此条规定形同虚设，土地承包经营权依然未独立纳入征收补偿范围。

---

① 黄辉：《两会观察：两会代表委员支招征地拆迁难题》，载于《中国纪检监察报》，2011 年 3 月 9 日。
② 《国务院酝酿修法规范集体土地征收补偿》，载于《法制日报》，2011 年 4 月 11 日。

350000元，原告已给付250000元，剩余100000元经原告多次催要无果，现诉至法院，要求被告给付购买原告宅基地土地款剩余欠款100000元；支付逾期给付利息18127.5元[100000元×4.875‰×共计25个月（自2014年5月25日起到起诉时2016年7月19日）=18127.5元)]。

二被告冶某昌、马某兰共同辩称：双方于2014年5月25日口头约定两被告购买一块1000平方米宅基地中原告所属的宅基地，当时约定购买价格为350000元，已实际给付原告250000元，剩余100000元购地款尚未支付，但因具体所购买宅基地的土地四至及面积不明确，故不同意给付原告剩余100000元。

经审理查明：原告与二被告于2014年5月25日口头约定二被告购买一块1000平方米宅基地中原告所属的宅基地，宅基地出售价格为350000元，二被告已支付250000元。另查，原、被告双方均系农民，原告称其所出售宅基地没有宅基地使用权证，出售宅基地时村委会知道其出售宅基地之事，但无法向本院提供证明。庭审过程中，双方认可除此案诉争宅基地外，双方目前均有宅基地。经本院在庭审中向原、被告双方释明确认买卖合同无效的法律后果，原告明确表示因其认为双方达成的口头买卖协议有效，故坚持不要求确认合同无效，被告亦表示不在本案中向原告提起反诉要求返还支付土地款。以上查明事实有欠条及法庭审理笔录在卷为证。

## 审理结果

当地人民法院审理认为，《中华人民共和国土地管理法》第十条规定，农民集体所有的土地依法属于村农民集体所有的，由村集体经济组织或者村民委员会经营、管理；第六十三条规定，农民集体所有的土地的使用权不得出让、转让或者出租用于非农业建设。本案中，原、被告所达成的出售宅基地的协议虽系双方合意，但违反我国土地管理法中宅基地属集体所有，集体经济组织成员仅有使用权的规定，且原告冯某春无法提供涉案宅基地权属证明及村委会同意双方买卖宅基地的相关证据材料。故原、被告口头达成的宅基地买卖协议因违反法律的强制性规定，应被确认为无效。经本院释明，原告冯某春表示不要求确认无效，也不要求返还财产，故原告要求被告给付剩余宅基地出售款100000元的诉讼请求，无法律依据，本院不予支持。依照《中华人民共和国土地管理法》第十条、第六十三条以及《中华人民共和国合同法》第五十二条之规定，判决如下：

驳回原告冯某春要求被告冶某昌、马某兰给付宅基地出售款100000元的诉讼请求。

案件受理费272.25元（原告预交），因本案适用简易程序，向原告减半退还136.13元；实际收取案件受理费136.13元，邮寄送达费60元，合计196.13元，由原告冯某春负担。

如不服本判决，可以在判决书送达之日起十五日内，向本院递交上诉状，并按对方当事人的人数提出副本，上诉于新疆维吾尔自治区乌鲁木齐市中级人民法院。

## 法理评析

本案争议的焦点为宅基地转让协议是否有效。

本案中宅基地转让协议应认定无效。本案中宅基地使用权转让不具备相应条件：第一，宅基地使用权转让必须征得本集体经济组织（村委会或村集体全体成员）同意，而本案中原告冯某春无法提供涉案宅基地权属证明及村委会同意双方买卖宅基地的相关证据材料；第二，受让人不得违反"一户一宅"原则，即受让人在接受转让时无宅基地，而本案中原被告双方认可除此案诉争宅基地外，双方目前均有宅基地。

## 理论探讨

现行立法严格禁止宅基地使用权的抵押、出租和转让的做法是不完全合理的。农村宅基地使用权制度是我国独有的中国特色制度设计，宅基地具有身份限定、保障功能和限制流转等特征，这使得在宅基地之上建造的住房抵押具备特殊性。长期以来，我国城乡二元结构严重，城市房屋产权登记制度完善且可以自由抵押融资，而农村住房大多没有获得合法产权证明且禁止抵押融资，故宅基地用房虽然作为农民的重要不动产资产，却无法变成可流通利用的资本，导致农民融资极其困难。党的十八大决定表明要探索改革土地承包经营权、宅基地用房抵押融资，这对满足农民资金需求和发展农村经济起到了非常重要的作用。"农村产权抵押制度改革就是对我国农民财产的一种解放，其实质是发挥土地的财产功能。"[①] 允许农村不动产进入市场流动，是我国农村土地改革发展的必然趋势。我国目前积极推动宅基地用房抵押融资的试点工作，与此同时相关宅基地用房抵押融资文件陆续出台，但宅基地用房抵押融资依然存在诸多问题，比如涉及对现行法律的突破，需要相关配套制度协助。因此，应当总结试点实践中的成功经验，适时改革和完善宅基地用房抵押流转的法律制度，破除农村住房抵押的法律障碍。同时，建设农村宅基地用房抵押相关配套制度，通过开展农村住房产权登记、建立财产价值评估机制和健全风险防范机制，构建科学合理的农村宅基地用房抵押融资模式，实现"沉睡"资产的激活，促进城乡统筹和新农村建设。

## 一、推行宅基地用房抵押贷款：唤醒"沉睡"资产

我国不实行土地私有制，土地所有权分为国家所有和集体所有两类，农村土地实行集体所有制，即土地所有权归属农村集体经济组织，农村居民仅对土地享有使用权。本书所称的农村住房是指农民在农村集体经济组织所有的土地（宅基地）上建造的用于生活的个人所有房屋。根据法律的相关规定[②]，农村房屋与城市房屋在所有权性质上一样，都由房屋所有权人享有占有、使用、收益和处分，农村房屋属于农民的合法的私有财产，应受到国家法律的保护；农村房屋与城市房屋作为不动产，在不动产物权属性上亦相同，均享有抵押权属性。但由于农村住房建造于农村宅基地上，而宅基地使用权具有其特殊性质，加之我国实行

---

① 刘永祥、刘艳菊、乔海韬：《关于构建我国农地金融的思考》，载于《农场经济管理》，2007年第6期。
② 《中华人民共和国宪法》第十三条规定："公民的合法的私有财产不受侵犯。"《中华人民共和国民法通则》第七十五条规定："公民的个人财产，包括公民的合法收入、房屋、储蓄、生活用品、文物、图书资料、林木、牲畜和法律允许公民所有的生产资料以及其他合法财产。公民的合法财产受法律保护，禁止任何组织或者个人侵占、哄抢、破坏或者非法查封、扣押、冻结、没收。"

"房随地走、地随房走"原则，使得农村住房的抵押受到限制，农民的主要财产处于"沉睡"状态，未能发挥其真正的财产价值。

宅基地制度是独具中国特色的农村土地制度，"宅基地一词带有浓郁的民族性，为我国法律所独有"[①]。根据《物权法》《土地管理法》《担保法》等法律的规定，宅基地具有使用主体特定性、无偿使用、一户一宅、限制流转等特征：宅基地只能由农村村民向政府申请，不能由城市居民申请；宅基地只能用于建造生活住房，不能用于建造商业住房；宅基地由农村集体经济组织向宅基地申请者无偿提供，无须村民缴纳费用；一户村民只能申请一处住宅用地；宅基地使用权只允许在本集体经济组织范围内进行流转，却不能设立抵押权（法律规定的除外）。加之按照我国《物权法》"房随地走、地随房走"的原则，则若以农房抵押的，该农房占用范围内的宅基地使用权一并抵押；以宅基地的使用权抵押的，该土地上的农房一并抵押。这明显与法律禁止宅基地使用权进行抵押的规定相违背，进而否认了农房的不动产抵押特性，限制了农村住房的自身价值。要实现农村住房抵押，唤醒"沉睡"的农村住房资产，则必须解决宅基地使用权抵押问题，这对于拓宽农村融资渠道，盘活农村资产，加快城乡统筹发展具有重大的意义。

农村住房是农民的一项重要资产，却不能有效抵押贷款，一直处于"沉睡"状态，究其原因，关键在于宅基地使用权的流转限制，阻碍了农民现有资产的盘活和生产的扩大。伴随着城镇化进程的加快，农村大量劳动力流向城市，出现了许多农村闲置住房，甚至出现"空心村"现象。允许农民用自己闲置的农村住房抵押贷款，首先有利于资源的有效配置，促进资产要素的自由流通，扩大生产经营规模，激活农村资产；其次，有利于拓宽农民融资渠道。随着农村生产力的发展和生产经营规模的不断扩大，民间借贷和小额贷款等传统的农村融资方式已经不能满足农民对资金的需求，而农民又不可能像城市居民那样进行个人信贷。长期以来，农民的融资渠道比较狭窄，个人信用贷款额度也较低，农民所有的住房也不能像城市房屋那样作为抵押担保获得贷款，无法满足扩

---

[①] 陈小君、蒋省三：《宅基地适用权制度：规范解析、实践挑战及其立法回应》，载于《管理世界》，2001年第21期。

大农村生产发展的现实需要。① 因此，推行农村住房抵押贷款，有利于拓宽农村融资渠道，激发农民的生产积极性，促进农村经济的快速发展。再者，农村住房抵押符合党中央关于农村经济发展的"三农"政策，有利于实现城乡统筹发展。改革开放后，我国城市经济快速发展，城乡二元结构日益明显，城乡差距越来越大，党的十八大报告指出要加快推进城乡一体化建设，调整农村产业结构且加快农村经济的发展。随着农村经济的快速发展，农户对生产资金的需求量不断增大，开展和推进农村住房抵押，尤其是实现宅基地使用权的抵押，将大大拓宽农村融资渠道，增加农民财产性收入，有利于引导更多的社会资金向农村倾斜，实现城乡政策平等，逐步缩小城乡差距，最终实现城乡统筹发展。

## 二、完善农房产权登记，明确宅基地的可抵押性

我国法律规定不动产抵押采取登记生效主义，《物权法》第九条规定了不动产物权公示公信原则，"不动产物权的设立、变更、转让和消灭，经依法登记，发生效力；未经登记，不发生效力，但法律另有规定的除外"。不动产抵押登记的重要作用在于进行不动产物权变动的公示，使社会公众依据登记簿册相信该登记权利进而选择交易行为。农村住房作为不动产，其抵押必须符合不动产抵押登记制度。农村住房和宅基地使用权具有合法的产权是进行抵押登记的前提，权利凭证则是产权的最有利证明。目前我国各试点探索农村住房抵押贷款的首要任务是明确农村住房产权登记，解决农民贷款困难问题。如成都市作为最早开展农村住房抵押贷款业务的试点，政府部门曾发布《成都市政府金融办等部门关于成都市农村产权抵押融资总体方案及相关管理办法的通知》（成办发〔2009〕59号），文件规定办理农村住房抵押时除了征得本集体经济组织同意，还必须具备两证（集体土地使用证和房屋所有权证）。这不失为实现农村住房，尤其是宅基地的市场化流转的一种制度创新，然而由于我国农村土地改革历史遗留问题，以及产权意识的薄弱，我国大部分农村地区尚未进行农村住房产权登记，房屋普遍没有产权证书，这也

---

① 洪运：《金融支持农村土地房屋产权流转的风险及防范》，载于《中国房地产》，2008年第3期。

致使农村住房抵押登记遇到阻碍。国外学者德索托曾指出:"很多发展中国家的居民拥有数量庞大的房屋和土地等财产,但因为缺乏正式的产权证明,导致'沉睡'的财产缺乏融资能力,难以转化为具有流动性的资本。"[1]

另外,从金融机构的角度而言,作为农村住房抵押贷款的债权方,为降低贷款风险,要办理农村住房抵押登记,就必须具备房屋和土地的产权证明,方可进行不动产抵押登记。除却这是物权公示公信原则的要求,金融机构也顾虑倘若无产权证书进行抵押登记,一旦发生纠纷,极易导致无法获得赔偿。因此,推进全国农村住房的确权登记工作,是实现农村住房抵押贷款的前提保障,是用法律形式来保障农民财产权利的手段。

随着农村住房抵押贷款在各试点的推进,各试点地区总结出部分可行性做法,如武汉市建立全市农村产权登记数据库,便于产权持有人随时查询所属所有产权信息;重庆市对现行土地房屋登记发证制度进行改革,实行"城乡合一、房地合一"的登记制度,并率先大范围进行农村土地登记发证工作。截至2012年6月,核发宅基地使用权证及村民住房所有权证670.22万本,发证率97.53%,基本完成宅基地使用权及农村住房所有权的确权颁证工作,为农村土地制度改革的顺利推进奠定了基础。[2] 可喜的是,2015年3月1日实施的《不动产登记暂行条例》明确规定将宅基地使用权纳入不动产登记的范畴,并将不动产登记信息纳入统一平台,实现信息实时共享,这对于全面推进我国农村产权登记起到了至关重要的作用。但笔者认为,不动产统一登记关系人民群众的重大财产权益,且是一个漫长而复杂的过程,不能仅仅靠法规规章,未来涉及的交易关系需要更高位阶的法律统一协调,建议在编纂民法典时明确农民对宅基地的完整产权,明确宅基地的可抵押性。通过赋予农民宅基地完整的产权,保障农村住房市场化流转,实现宅基地使用权抵押的金融功能。

---

[1] [秘鲁]赫尔南多·德索托:《资本的秘密》,南京:江苏人民出版社,2001年版,第7页。
[2] 董建国:《农村土地制度改革的实践与思考——以重庆为例》,载于《中国党政干部论坛》,2012年第12期。

## 三、建立健全财产价值评估与风险防范机制

一是要建立统一的宅基地用房价值评估机制。办理宅基地用房抵押登记之前，要对宅基地用房的价值进行评估，价值评估是否科学合理公正关系到农民的切身利益。金融机构是根据抵押物（即宅基地用房）的价值提供贷款额度的，因此，科学合理公正的价值评估是金融机构提供抵押贷款的认证前提，也是金融机构最终实现抵押权的基础。然而，由于在建造材料、建造位置等方面的差异，使得农村宅基地用房价值差异性较大，比如离城市较近的农村宅基地用房的价值相对较远的价值要高。我国现行的房屋价值评估体系仅针对城市国有土地房屋，未涉及农村房屋价值评估。农村宅基地用房的价值评估很难成为遏制金融机构宅基地用房抵押的重要因素。笔者认为，应当参照城市国有土地房屋价值评估体系，结合农村宅基地住房的具体情况，建立统一的农村宅基地用房价值评估体系，建议制定《农村住房价值评估管理办法》，规范价值评估标准和程序。在制定评估体系时，应注意以下问题。第一，规范农村住房评估中介机构市场，成立具有资质的评估机构。纵观目前各试点地区的评估做法，农村住房评估工作主要由政府进行，而政府作为利害关系者，为自己做裁判，容易导致不公。因此，极有必要成立自主经营、自负盈亏的第三方评估机构。在当下试点改革过程中涌现出的农村住房评估机构大多不具备专业的评估资质，破坏了农村评估市场，损害了农民和金融机构的利益，阻碍了农村住房抵押工作的顺利进行。因此，必须通过立法对其进行规范，设立评估机构行业准入规则、退出机制、执业人员资质和责任追究机制等内容，保证评估机构作出科学合理公正的评估结果。当然，宅基地用房抵押贷款时，房屋价值可以由农民与金融机构双方协商确定，也可以由双方委托评估中介机构进行评估。第二，完善房屋等级划分标准，保证国有土地和集体土地的"同地同价同权"。因经济发展不平衡、房屋建造地段不同等问题，使得农村宅基地用房价格差异性较大。因此，应综合考虑各因素对农房进行等级综合评定，形成合理的农村住房价值评估体系。

二是要健全宅基地用房抵押贷款风险防范机制。宅基地用房抵押贷

款存在确权难、评估难、变现难等问题,要确保宅基地用房抵押贷款的顺利进行,就应当做好风险防控,促进金融机构农村宅基地用房抵押贷款业务的开展。笔者建议主要从以下几个方面健全宅基地用房抵押贷款风险防范机制,增强金融机构发放宅基地用房抵押的意愿。(1) 改善农村信用环境,建立以政府为主导的农村信用体系。政府部门和金融机构应通过多渠道加大征信知识宣传力度,提高农民的诚信意识和金融意识。(2) 规范放贷程序,严格发贷责任。金融机构办理贷款时应认真审查农户的还贷能力,对产权证明、抵押手续、贷款用途、生产能力、收入来源等内容进行严格审查,防止不良贷款的发生。明确金融机构工作人员的发贷责任,提高工作人员素质,从源头上防范风险。(3) 合理设定贷款额度和贷款期限。借鉴相关试点的做法,将贷款额度限定在产权价值的一定比例,贷款期限限定为1至10年,贷款的额度可借鉴枣庄市试点"根据农民专业合作社的信用状况、资产负债情况、综合还款能力和经营效益、土地使用产权以及其收益评估总值等合理确定,最高不超过评估总值的60％"[①]。(4) 建立完善多元化风险分担与补偿机制。政府、担保公司、保险机构多方积极协助合作,转移、分散农房抵押贷款风险。政府设立风险补偿基金,增设农业抵押融资保险,逐步削弱政府的政策性作用,增强市场经济的配置作用,通过多主体分散还贷风险所造成的损失,进而维护好农户的根本利益。(5) 建立和完善农村社会保障立法,健全农村社会保障体系,建立与农村经济相适应的医疗、失业、养老等社会保障机制。农村宅基地用房抵押融资之所以止步不前,重要原因就在于宅基地流转的限制,宅基地用房具有保障农民生存的功能,一旦农户在抵押融资中丧失宅基地用房,则农户将承担居无定所的风险,进而影响社会稳定。因此,为了让农村宅基地用房真正流转起来并实现自身的财产价值功能,就必须完善农村社会保障制度,赋予失房农民对宅基地用房的优先承租权或回购权,解除农民的后顾之忧,从而为宅基地用房抵押融资改革提供坚实的基础。

---

① 孙晋夫:《农村土地使用产权抵押融资创新实践》,载于《银行家》,2014年第3期。

# 第三章 小产权房交易障碍与"转正"之契机

**理论热点**

"小产权房"不是法律概念,而是人们在社会实践中形成的一种约定俗成的称谓。通常来说,在农村集体土地上建设的房屋,未缴纳土地出让金等费用,其产权证不是由国家房管部门颁发,而是由乡政府或村政府颁发的用于居住的房屋证明。"小产权房"存在市场的原因之一在于农村集体建设用地和城市建设用地产权地位的不平等。城市国有建设用地有正式的土地使用权拍卖市场,实行市场定价,而农村集体建设用地流转的使用权市场体系和价格制度一直没有建立起来,以致造成"同地不同价";城市建设用地使用主体有使用权证,可以作为抵押到银行等融资机构进行再融资和资产评估,而农村建设用地没有使用权证,也不能进行上述抵押和融资行为,不具有资产功能。同时国家对农村集体建设用地的用途还进行了严格的规定,一旦转变用途需要经国家相关部门审批和征收。这直接导致了农民在土地快速增值的过程中没有得到合理的利益补偿,"小产权房"矛盾纠纷日益增加。因此,如何妥善对待和处理"小产权房"问题,成为社会各界关注的焦点,也成为各级政府亟待解决的一个难题。

## 案例简介

### 陈某良与李某生房屋所有权纠纷上诉案

原告陈某良诉称：被告李某生因建房和购车的需要，向原告借款145222元，后因被告无能力偿还借款，双方于1998年5月12日签订一份房屋产权归属合约，约定被告将其所属某社353号第三层全部以及顶楼阳台和楼下两间房，并加上该幢楼前面左边停车位一间的房屋产权全部归原告所有等内容。之后被告将上述房产交付给原告使用，原告对房屋进行装修后居住至今。现因该房楼梯设计存在安全隐患，原告及其家属、亲朋好友多次从楼梯摔倒受伤，特别是原告年纪渐大，难以从该楼梯走上三楼，且被告装设了外大门，安装了电子门锁，导致原告的家属、亲朋好友上门做客时，原告需要艰难地下楼去开门，严重影响了原告的进出和通行。另外，被告阻止原告设置信箱，致使原告的一切来信丢失，特别是2012年村委会发给原告的选举票丢失，致使原告失去选举权，故请求判令：被告准许原告在涉诉房屋外自行搭建直达三楼的楼梯，开设独立的进出门户，在原告使用范围界砌围墙或铁栏栅。

被告辩称：1. 其所属某社353号楼房的所有权人是答辩人，有房产证和土地证为据。2. 原告现占有某社353号楼房依法无据，答辩人于1997年12月9日虽然曾向原告借款，但只要归还欠款，原告即应腾出房屋，让答辩人享有物权，该案生效调解书也确定了这一事实。3. 原告自生效调解书生效后已准备好所欠现金归还原告，但原告拒不接受。

一审法院经审理查明：

某社353号三层楼房系李某生的房产。1997年12月9日，李某生因建房及购车需要向陈某良借款145222元。1998年5月12日，陈某良、李某生签订房屋产权归属合约，约定：因李某生无力偿还上述借款，愿将其所有的上述房屋第三层全部、顶楼阳台及楼下二间房、楼房前面靠左边停车库一间归陈某良所有。该合约签订后，李某生将讼争房屋交付陈某良装修及其一家居住使用。2000年5月26日，李某生取得了上述房屋的农村房屋所有权证及集体土地使用权证。随后，李某生将农村房屋所有权证、集体土地使用权证交由陈某良保管。2000年12月14日，李某生向陈某良出具一份声明书，声明：因上述房屋是集体土地使用权，不能办理分户手续，其与陈某良签订的房屋产权归属合约仍然长期有效，若遇政府拆迁，分配到的房屋一半（按面积）归陈某良所有，并按约定与陈某良办理过户登记。2002年，陈某良向本院起诉要求李某生返还借款145222元。

2002年5月20日，经本院主持调解，双方达成调解协议：李某生应于调解书生效之日起一个月内还清借款145222元；李某生愿将某社353号私有房屋一幢第一层全部、第三层朝北之一房一厅一厨房屋作为上述还款的抵押担保。调解书生效后，李某生未依约还款，陈某良亦未向法院申请执行。2008年4月14日，陈某良一家将户口迁入上述房屋所在地。

2009年10月21日，陈某良向本院起诉要求确认其享有讼争房屋所有权及办理房产过户手续，本院于2009年12月1日作出民事判决，驳回陈某良的诉讼请求。判决后，陈某良不服，提起上诉。此后，陈某良主动撤回上诉。

2011年3月28日，李某生向本院起诉要求陈某良返还房屋并支付占有的房租损失、返还农村房屋所有权证及集体土地使用权证等。本院于2011年6月13日判决：一、陈某良及其亲属应于判决生效之日起6个月内举家搬出某社353号房屋，并将房屋腾空，归还李某生管理；二、陈某良应于判决生效之日起10日内返还李某生名下的某社353号房屋的农村房屋所有权证及集体土地使用权证；三、驳回李某生的其他诉讼请求。判决后，陈某良不服，提起上诉。某市中级人民法院于2011年10月24日判决：一、维持一审判决第二项、第三项；二、撤销一审判决第一项；三、驳回陈某良的其余上诉请求。

另查明，李某生所欠陈某良款项至今未还。

## 审理结果

当地区人民法院经审理认为,原、被告双方虽曾签订房屋产权归属合约,约定房屋归陈某良所有,但2002年,陈某良起诉李某生要求返还借款145222元,后双方达成调解协议,李某生应偿还借款,并将讼争房屋作为上述还款的抵押担保。双方的该项约定已明确讼争房屋所有权的归属,原告仅享有讼争房屋的抵押权。原告占有使用讼争房屋,未提供充分证据证明讼争房屋确实不适合居住使用,且作为讼争房屋所有权人的被告也不同意对讼争房屋进行搭建、添置、修缮,故原告要求被告准许其在诉争房屋外自行搭建直达三楼的楼梯、开设独立的进出门户、在原告使用范围界砌围墙或铁栏栅的诉求,法院不予支持。

据此,依照《物权法》第三十九条、《民事诉讼法》第六十四条第一款之规定,判决:驳回原告陈某良的诉讼请求。

宣判后,陈某良不服一审判决,提起上诉。

当地市人民法院经审理认为:对于李某生取得讼争房产农村房屋所有权证及集体土地使用权证的事实,双方当事人均无异议,陈某良要求在李某生享有所有权的房产内进行搭建或砌墙等添置或修缮的行为,因未征得所有权人李某生的同意,且其提供的证据也不足以证明其居住和通行权利受到严重妨害。至于陈某良基于本案历史原因长期对讼争房产居住、使用,其是否因此享有对讼争房产的相关权利并不在本案考量范围之内,故原审法院对陈某良的诉求不予支持并无不当。

当地中院判决:驳回上诉人陈某良的上诉,维持原判。

## 法理评析

由于"小产权房"只具备普通商品房的使用性质,不具备普通商品房的法律性质,因此"小产权房"的买卖转让存在很多限制,购房人的权益很难得到维护。购买"小产权房"主要存在以下法律风险:

第一,购买"小产权房"可能存在合同无效的法律风险。

第二,未办理合法手续的"小产权房",通常为违法建筑,很有可能会被强拆。

第三，购买合法建造的"小产权房"，也存在"不能取得产权证，合同双方仅存在债权"的风险。根据《中华人民共和国土地管理法》的规定，小产权房不能向非本集体成员的第三人转让或出售，即购买后不能合法转让过户。

第四，房屋的保值和升值也有一定影响。购房后如果遇到国家征地拆迁，由于乡产权房没有国家认可的合法产权，购房人并非合法的产权人，所以无法得到对产权进行的拆迁补偿，而作为实际使用人所得到的拆迁补偿与产权补偿相比微乎其微。

第五，"小产权房"的开发资金使用存在监管缺位风险，处于无人监控的状态，房屋质量和房屋售后保修难以保证。

第六，"小产权房"买卖合同的效力一般以认定无效为原则。但也有例外情形，如：对于发生在本乡范围内农村集体经济组织成员之间的农村房屋买卖，该房屋买卖合同认定有效；对于将房屋出售给本乡以外的人员的，如果取得有关组织和部门批准的，可以认定合同有效。

本案争议的焦点为原告、被告的借款协议是否有效，原告陈某良是否享有讼争房屋所有权。

本案中，对于李某生取得讼争房产农村房屋所有权证及集体土地使用权证的事实，双方当事人均无异议。依据《物权法》的规定，不动产物权的设立、变更、转让和消灭，依照法律规定应当登记的，自记载于不动产登记簿时发生效力。不动产登记簿是证明物权归属和内容的根据，不动产权属证书是权利人享有该不动产物权的证明。因此，李某生作为讼争房屋相关权证的权利人，依法享有讼争房屋所有权的各项权能，当然也受到一定限制。陈某良虽然长期占有、使用讼争房屋，但并不享有房屋的处分权能，故其以讼争房屋严重影响其进出和通行，请求对讼争房屋进行搭建、另开设大门、砌墙，缺乏事实和法律依据。在讼争房屋内进行搭建、开门或砌墙等添置、修缮行为，势必会变更物的存在状态，影响所有权人对讼争房屋的管理和使用，即影响所有权人权利的正常行使。在讼争房屋的所有权人李某生已明确表示不同意陈某良的要求，陈某良提供的证据也不足以证明其居住和通行权利受到严重妨害的情况下，一、二审法院均不予支持陈某良该项诉求是正确的。

## 理论探讨

我国现行的城乡二元土地制度是"小产权房"问题产生的根源所在，要解决小产权房问题，就要建立健全统一的城乡土地市场。党的十八届三中全会为集体经营性建设用地使用权改革指明了方向，明确指出"建立城乡统一的建设用地市场……允许农村集体经营性建设用地出让、租赁、入股，实行与国有土地同等入市、同权同价"。这一改革方案为解决小产权房问题提供了契机。历史已经发展到了必须考虑尽可能地少用计划经济手段配置资源，而尽可能地使政府间接用城乡发展规划和市场手段实现城乡一体化发展规划的最佳时机。[①] 2015年全国人大常委会授权国务院在北京市大兴区等33个试点县（市、区）行政区域，暂时调整实施土地管理法、集体经营性建设用地入市、宅基地管理制度的有关规定。《关于农村土地征收、集体经营性建设用地入市、宅基地制度改革试点工作的意见》也从三个方面指出改革工作方向：（1）完善农村集体经营性建设用地产权制度，赋予农村集体经营性建设用地出让、租赁、入股权能；（2）明确农村集体经营性建设用地入市范围和途径；（3）建立健全市场交易规则和服务监管制度。然而，实践中集体经营性建设用地入市试点工作却面临诸多阻碍，如存量用地不足致使失去入市动力；征地权的滥用让集体建设用地入市失去了生存空间；各利益主体之间的入市收益分配不均等，特别是对修筑于集体土地上的小产权房带来一系列影响。"入市"改革目标的实现，无疑有赖于一系列改革措施的协同推进，而相关法律制度的革新，则是实现这一目标的基本条件。针对这些问题，笔者拟对集体经营性建设用地入市的路径谈几点自己的思考。

第一，明确集体经营性建设用地的范围，缩小征地范围，让渡入市空间。应注意除存量经营建设用地外，增量经营建设用地也应一同作为集体经营性建设用地的入市标的。依据相关政策，当前我国试点地区集体经营性建设用地入市限于存量经营用地，但经调查，我国农村地区多

---

[①] 杨遂全：《比较民商法学》，北京：法律出版社，2007年版，第128页。

数并无存量经营用地，我国存量经营用地（乡镇企业建设用地）总量仅约 0.3 亿亩[①]，"实际上可真正用于流转的数量却不多；如果农村集体经营性建设用地入市仅指存量地流转，那么该制度必将成为无源之水、无本之木，只具有理论上存在的意义罢了"[②]。对此，有学者建议，非集体经营性建设用地严格依法办理农地转用审批手续之后直接入市；新农村建设多建的房屋可以经营性土地空间权入市；95%的成员同意统一退给集体的部分宅基地可以作为新增经营性用地。[③] 笔者赞同上述建议，存量地的有限性局限了集体经营性建设用地入市的改革，未来应以新增建设用地作为主力军来入市流转。

第二，合理分配入市收益。集体经营性建设用地入市的动力就是对入市收益的合理分配，平衡各方利益关系。入市收益分配涉及的利益主体多元化，主要包括两层分配关系：一是外部关系——政府与集体之间的分配关系；二是内部关系——集体与成员、成员与成员间的分配关系。目前在一些试点地区，政府收取一定比例的土地增值收益。笔者认为，根据"一次分配基于产权，二次分配政府参与"原则，国家并非集体经营建设用地的产权人，集体经营建设用地入市的收益首先应该归属产权人，但国家作为基础设施投资者，有权通过合理的税收参与入市收益的分配。内部分配上，应让集体成员成为入市的真正受益者，但应留存部分收益给集体，以保障村民获取相应的公共产品和公共服务，具体分配方案应由集体成员大会 2/3 的多数成员同意。

第三，建立地票制度。集体经营建设用地入市时，还应考虑不同地域之间如何实现入市收益的分享。由于偏远地区与城郊区的农地价值不同，导致偏远地区农地存在"有地无市"的局面，农民并不能享受土地收益。目前已有地区采用地票实现集体建设用地间接入市，比较典型的是重庆地票制度。笔者赞同建立地票制度，偏远地区集体经济组织在征得农户同意后，对富余（重点针对闲置或废弃的）集体经营性建设用地

---

[①] 蒋省三、刘守英、李青：《中国土地政策改革：政策演进与地方实施》，上海：上海三联书店，2010 年版，第 245 页。

[②] 杨珍惠：《集体经营性建设用地直接入市的若干问题探析》，载于《资源与人居环境》，2014 年第 12 期。

[③] 杨遂全：《民生工程民众事先知情权与土地使用权中的程序权》，见杨遂全：《民商法争鸣》，北京：法律出版社，2014 年版。

进行复垦，由土地部门验收后腾出集体经营性建设用地指标形成地票，进入农村土地交易所公开交易。地票制度可以让偏远地区集体经营建设用地间接入市，进而实现农地价值，使偏远地区农民共享入市改革成果。

农村集体建设用地入市后，与城市建设用地实现"同权同价"，那么现有的"小产权房"房价将会出现上涨，刺激小产权房的投机行为，"小产权房"的数量会不断增加。从目前已建"小产权房"的情况来看，大部分属于土地合理利用，特别是一些地方的"小产权房"小区生活氛围成熟，应当予以合法化，避免造成各种矛盾和冲突。因此，要合理区分小产权房的非法矛盾产生的根源：一方面，对集体建设用地来源合法，符合土地利用规划的，不影响耕地保护政策落实的"小产权房"应该予以合法化，造成的国家税收流失问题，补缴税费，经过审查后，给予发放产权证书；另一方面，属于违法在集体建设用地上建设小产权房的，不符合土地利用规划及耕地保护政策的，能够拆除的应当坚决予以拆除，所造成的损失，在购房者不知道小产权房所占的是耕地的情况下，可由开发商和村集体组织赔偿，对知情的购房者，由本人、开发商和村集体组织共同承担。对于不能拆除的，可由政府收回转化为经济适用房或廉租房，同时，开发商和村集体所获利润应当予以收缴。[①]

---

[①] 邓楠、赵祖风：《集体建设用地入市与小产权房问题探析》，载于《商》，2016年第17期。

# 第四章 抵押权的"顺位升进主义"与"顺位固定主义"之选择

**理论热点**

抵押权是近现代各国民法上最重要的担保物权制度，素有"担保之王"之称。抵押是一种非常重要的制度，具有非常大的作用，能够为债权人提供一种比较有效的保障，保证债权的安全，同时有利于债务人融资，盘活经济。在现实生活中，"一物数押"的现象十分普遍，由此产生了抵押权顺位问题。抵押权先后顺位的确定在我国《物权法》中已有相关规定，但先顺位抵押权消灭，后顺位抵押权是否因此升进的问题，至今仍未有明文规定。虽然我国在实践与学说上已采取顺位升进主义，但是学者们关于未来是继续采取顺位升进主义还是适度修改或完全采用顺位固定主义争议很大。主张未来立法应当改顺位升进主义为顺位固定主义的学者认为固定主义更优，指出"实行以所有人抵押权为基础的次序固定主义的条件下，先次序抵押权所担保的债权消灭，该抵押权即转归抵押人所有，进而便可以该抵押权再供其他债权担保而进行融资"[1]。也有学者坚持采取顺位升进主义，如王利明结合法律条文指出，"我国司法实践一般采取顺位升进主义，学理上的通说也持此种观点。但《物权法》对此并没有作出规定，大概认为这是不言自明的问题"[2]。笔者认为，在市场经济迅猛发展，企业对融资的需求日益迫切的背景下，我

---

[1] 徐武生：《担保法理论与实践》，北京：工商出版社，1999年版，第305页。
[2] 王利明：《物权法研究》，北京：中国人民大学出版社，2007年版，第450页。

国应继续坚持抵押权顺位升进主义，同时可借鉴国外做法，引入所有人抵押权制度。

## 案例简介

### 某分行与某担保投资有限公司其他合同纠纷案

某分行申请再审称：一、一、二审判决关于某担保投资有限公司在案涉抵押物上的抵押权优先于该分行的认定缺乏证据证明。（一）该分行2008年办理的抵押权登记实为2007年3月抵押登记的连续登记，理应优先于某担保投资有限公司2007年11月取得的抵押权。1. 2008年签订的《授信额度协议书》中明确将2007年《综合授信额度》应偿还的款项予以并入，两者项下的债权具有连续性。2. 依据《最高人民法院关于适用〈中华人民共和国担保法〉若干问题的解释》（以下简称《担保法解释》）第五十八条第二款的规定，某分行2008年与2007年的抵押登记应属于连续登记，应以第一次登记日期为抵押登记时间。3. 一、二审法院未厘清2007年抵押登记被注销的法律性质。（二）案涉抵押物的多份他项权证一致载明某分行为第一顺位抵押权人。（三）某担保投资有限公司提交的《土地登记抵押清单签收簿》不能成为认定某担保投资有限公司为第一顺位抵押权人的依据。（四）本案纠纷发生之前，某担保投资有限公司对某分行为案涉抵押物第一顺位抵押权人的事实是知晓且默认的。二、一、二审判决对某担保投资有限公司第二次登记的相关事实未予审查，裁判基础存在缺陷。某担保投资有限公司在第二次领取他项权证时并未对某分行仍为第一顺位抵押权人的记载提出异议，存在放弃其第一权利顺位的可能性。三、一、二审判决未经行政诉讼程序径自判令撤销某分行他项权证上载明的第一顺位抵押权，违反法定程序，适用法律错误。他项权证的颁发属具体行政行为，撤销或变更其上记载内容应通过行政诉讼程序。综上，一、二审判决未准确认定某分行因登记机关原因进行连续登记的事实，未注意某担保投资有限公司存在明知而放弃第一顺位的细节，认定事实不清，未经行政程序即纠正他项权证记载事项，适用法律错误，某分行依据《中华人民共和国民事诉讼法》第二百条第（二）项、第（六）项之规定提出再审申请。

某担保投资有限公司提交意见称：一、一、二审判决关于该公司在抵押物上的抵押权优先于某分行的认定，事实清楚，适用法律正确。（一）本案不存在某分行2008年5月办理的抵押登记系其在2007年3月办理抵押登记的续押之事实。两次抵押登记为不同主债权分别设定，且某分行在本案中据以主张的债权为2008年6月26日至11月20日，基于《综合授信合同》项下发生，其并未证明2007年综合授信额度项下的债权未得到清偿，且2007年的抵押登记已被注销。（二）本案中的多份他项权证因记载不规范，且与相应的抵押登记设立时间及登记簿的记载不符，不能作为认定抵押权顺位的依据。（三）土地房产登记机关出具的《情况说明》不具有证明力，不能成为本案抵押权顺位的认定依据。二、本案认定抵押权顺位的争议，无须以先行提起行政诉讼为前置程序。对他项权证记载事项是否可作为认定事实的依据，是人民法院依照民事诉讼法依职权进行证据审查的结果，并未涉及行政机关职权。综上，《中华人民共和国物权法》（以下简称《物权法》）明确规定，抵押权登记时间的先后是确定受偿优先顺序的唯一依据，而本案争议的两次抵押权登记中，某担保投资有限公司抵押权登记设立的时间先于某分行抵押权设立时间的事实清楚明确，依法应优先受偿。某分行在本案申请分配的2008年5月9日的主债权及抵押权，与此前2007年3月30日的抵押权不存在续贷续押关系，且某分行2007年3月30日设立的抵押权已被注销，因此他项权证中"权利顺序"的记载内容不能作为认定本案抵押权顺位的依据。此外，本案抵押权他项权证的记载，只是法院应予审查和认定的证据之一，并不存在本案的判决认定需以行政诉讼前置的法定情形。因此，二审判决认定事实无误，适用法律正确，请求法院驳回某分行的再审申请。

### 审理结果

最高人民法院审理认为，本案双方争议的焦点为某担保投资有限公司与某分行的抵押权顺位先后问题。依据我国《物权法》第一百九十九条之规定，在抵押权均经登记而有效设立的情况下，衡量同一抵押物上抵押权实现的顺序，应以抵押权登记的时间先后作为判断的依据。本案中某担保投资有限公司对案涉抵押物设立抵押权的时间为2007年11月21日，中信银行主张实现的抵押权则设立于2008年5月9日，显然迟于某担保投资有限公司抵押权的登记设立时间，因此某担保投资有限公司的抵押权顺位应优先于某分行。

某分行提出其于2008年5月9日设立的抵押登记实为2007年3月30日设立抵押权的续押，故其仍应为第一顺位抵押权人。本院认为某分行的主张不能成立，主要理由有三：

其一，案涉抵押物上于2007年3月30日与2008年5月9日设定的两次抵押权，系基于不同的主债权合同和相应的抵押合同，为担保不同的主债权而分别设定、独立登记，在形式上具有独立性。尽管某分行和厦门市某工程机械有限公司在2008年所签订的《综合授信合同》中约定将2007年授信额度项下所发生的款项并入该合同，作为该合同项下的融资，本金也占用合同项下的授信额度，作为某工程机械有限公司对某分行债务的组成部分，但在原合同一年履行期限届满的情形下，双方就未获清偿部分债权达成的合意系对2007年授信额度项下债务所作的清结，即以新债权取代旧债权，而非同一债权的展期。在主债权更迭的情况下，相应的担保责任必然随之发生变化，故双方需另行签订抵押合同并办理抵押登记。

其二，某分行在本案中行使抵押权所依附的债权均系在2008年的《综合授信合同》项下于2008年6月26日至11月20日期间发生的银行承兑汇票，而非基于2007年的协议。某分行作为专业的金融机构在授予某担保投资有限公司信用额度时即应对双方间的债务作出清理，并作为授信额度的发放依据。2008年授信协议中双方已就2007年额度项下未清偿部分债务并入后续协议达成了新的合意，后续实际发生的债权债务均产生于新的授信额度项下。即便某分行认为此前债务未得到清偿，其作为债权人却并未就2007年授信额度项下的未偿债务要求清偿，亦未就此行使抵押权，而是基于2008年实际发生的债务主张权利，故一、二审法院以该基础法律关系认定事实并无不当。

其三，设定抵押权的根本目的在于担保主债权的实现，抵押权依附于主债权而存续，主债权对抵押权人的担保责任具有重大影响。2007

年的授信协议主债权因履行期限届满双方当事人的清结而消灭，故相应的抵押权亦已归于消灭，不存在连续登记的基础。本案中两次抵押登记基于不同的主债权，而非同一债权项下的分期登记或连续登记，故并不属于《担保法解释》第五十八条第二款所规制的针对同一笔债权的抵押期间，因登记部门原因致使抵押物连续登记的情形。因此某分行提出其2008年设立的抵押登记系2007年抵押权的连续登记的主张不能成立。

某分行认为在他项权证上的抵押权人顺位与登记簿上不一致时，一、二审法院仅以登记簿上的权利注销为认定事实的依据，系未经行政诉讼程序径自判令撤销某分行在他项权证上载明的第一顺位抵押权，违反法定程序。本院认为，根据一、二审查明的事实，当地国土资源局以《土地登记抵押清单签收簿》作为登记簿，其上清楚表明了抵押登记的先后顺序，他项权证上亦显示了抵押权设立的时间，虽他项权证上的"权利顺序"一栏记载为"某分行"，但依据《物权法》第十七条之规定，在无其他证据证明不动产登记簿确有错误时，不动产权属记载应以该登记簿为准。且当地国土资源局在登记簿上注明某分行于2007年3月30日设立的抵押登记已注销，则2007年11月21日设立抵押登记的某担保投资有限公司按照登记时间先后成为第一顺位抵押权人，至于注销的原因和性质并不影响注销所产生的法律效力。一、二审法院依据查明的不动产登记簿上抵押权登记时间先后确定抵押权顺位于法有据，并无不当。当地国土资源局发放的他项权证并未因本案的判决结果而撤销，只是其中的部分登记内容未被一、二审法院所采信，故并不存在某分行主张的违反法定程序情形。

此外，本案中并无证据显示某担保投资有限公司放弃其抵押权顺位，其在第二次办理抵押登记时是否明知为第二顺位抵押权人并不影响其登记在先抵押权的实现。某分行提出某担保投资有限公司自行放弃抵押权优先顺位的主张并无事实基础，本院不予支持。

综上，某分行的再审申请不符合《中华人民共和国民事诉讼法》第二百条第（二）项、第（六）项规定的情形。依照《中华人民共和国民事诉讼法》第二百零四条第一款之规定，裁定如下：

驳回中信银行股份有限公司厦门分行的再审申请。

## 法理评析

抵押权是一种优先受偿权。当多个优先受偿权共存于同一抵押物之上时，就有一个孰先孰后的次序问题。依照《中华人民共和国物权法》相关规定，需按照以下规则来判断：

（1）在抵押权均经登记而有效设立的情况下，衡量同一抵押物上抵押权实现的顺序，应以抵押权登记的时间先后作为判断的依据。

（2）不动产权属证书是权利人享有该不动产物权的证明。不动产权属证书记载的事项，应当与不动产登记簿一致；记载不一致的，除有证据证明不动产登记簿确有错误外，以不动产登记簿为准。

（3）设定抵押权的根本目的在于担保主债权的实现，抵押权依附于主债权而存续，主债权因履行期限届满双方当事人的结清而消灭，故相应的抵押权亦已归于消灭。

（4）案涉抵押物上所设定的两次抵押权，是基于不同的主债权合同和相应的抵押合同，为担保不同的主债权而分别设定、独立登记的抵押登记，不存在连续登记的基础，抵押权人据此提出的抵押权连续登记的主张，法院不予支持。

本案争议的焦点为某担保投资有限公司与某分行的抵押权顺位先后问题。

本案中案涉抵押物上于2007年3月30日与2008年5月9日设定的两次抵押权，系基于不同的主债权合同和相应的抵押合同，为担保不同的主债权而分别设定、独立登记，不存在连续登记的基础，抵押权人据此提出的抵押权连续登记的主张，法院不予支持，而是依据查明的不动产登记簿上抵押权登记时间先后确定抵押权顺位。法院的做法正确。

《中华人民共和国物权法》相关规定内容如下：

第十七条【不动产登记簿与权属证书关系】：不动产权属证书是权利人享有该不动产物权的证明。不动产权属证书记载的事项，应当与不动产登记簿一致；记载不一致的，除有证据证明不动产登记簿确有错误外，以不动产登记簿为准。

第一百八十七条【不动产抵押】：以本法第一百八十条第一款第一

项至第三项规定的财产或者第五项规定的正在建造的建筑物抵押的，应当办理抵押登记。抵押权自登记时设立。

第一百九十九条【同一物上的抵押权受偿顺序】：同一财产向两个以上债权人抵押的，拍卖、变卖抵押财产所得的价款依照下列规定清偿：

（一）抵押权已登记的，按照登记的先后顺序清偿；顺序相同的，按照债权比例清偿；

（二）抵押权已登记的先于未登记的受偿；

（三）抵押权未登记的，按照债权比例清偿。

### 理论探讨

## 一、抵押权顺位升进主义与固定主义之选择

当同一抵押物上存在数个抵押权时，各抵押权之间如何确定就抵押物价值优先受偿的顺序，此即抵押权的顺位问题，而抵押权人就此享有的权利则称为次序权。各国或地区一般规定其相互之间的顺位先后以抵押权是否登记以及登记的时间先后来确定。但是如果发生先顺位抵押权所担保的债权消灭，或者抵押权本身因为某种原因而归于无效，又或者抵押权人抛弃抵押权等情况，那么后顺位抵押权能否依次递进而取得在先顺位，就产生了抵押权顺位升进主义和固定主义两种不同的制度。[1] 在我国立法上，《物权法》《担保法》《最高人民法院关于适用〈中华人民共和国担保法〉若干问题的解释》均未有条文明确规定采用抵押权顺位升进主义还是固定主义。但是，我国实务界历来采用抵押权顺位升进主义。然而，直至现在，我国法学界中就"升进主义"和"固定主义"两种立法模式孰优孰劣的争论仍在持续。

---

[1] 王全弟、盛宏观：《抵押权顺位升进主义与固定主义之选择》，载于《法学》，2008年第4期。

## （一）抵押权顺位升进主义

抵押权顺位升进主义是指"在先顺位的抵押权因债权获清偿或其他原因而消灭后，后顺位的抵押权自动上升，获得前顺位抵押权人的顺位"[1]。此种立法最早起源于日耳曼法，并为法国和日本等国民法所采纳。顺位升进主义的优越性主要体现在抵押人通过设定后顺位抵押权进行融资的难度较小，有利于抵押人融资。但也被学者指出存在以下弊端：第一，如果因前次序的抵押权消灭，而使后次序的抵押权随之升进，后顺位抵押权人有不当得利的嫌疑，从而有损普通债权人利益；第二，顺位升进导致抵押权收益不稳定，不利于实现抵押权的独立。

## （二）抵押权顺位固定主义

抵押权顺位固定主义是指抵押权设立后，抵押权的顺序位置保持不变。次序在先的抵押权消灭后，次序在后的抵押权并不升进，而是固定在其原来的次序。[2] 此种立法最早起源于罗马法，为德国、瑞士民法所采纳。支持该模式的学者认为固定主义存在如下优势：第一，能有效避免不当得利的发生，即防止后顺位抵押权人因升进坐收非其应有之利益，从而损害债务人及普通债权人的利益；第二，给抵押物所有人再次融资的机会；第三，有利于实现抵押权证券化。但固定主义也存在弊端，对普通债权人与抵押权人之间的利益平衡难以周全，如在德国法的所有人抵押中，所有人在其不动产上设定所有人抵押后，如果需要再设定后顺位抵押权进行融资时，常因为后顺位的抵押权不能升进而遭到拒绝，使得进行更进一步的融资受阻。

"升进主义"和"固定主义"两种立法模式各有其优势及弊端，各国在充分考虑本国的法律传统与立法时的经济背景等客观情况的基础上，选择最适合本国国情的顺位模式及相关的抵押权制度。笔者认为，我国应继续坚持抵押权顺位升进主义。结合我国社会现实来看，抵押权顺位升进主义在我国有着深厚的社会和法律基础，长期以来我国法学界

---

[1] 费安玲：《比较担保法》，北京：中国政法大学出版社，2004年版，第185页。
[2] 王利明：《物权法研究》（下卷），北京：人民大学出版社，2007年版，第448页。

都认为我国系采用抵押权顺位升进主义,实务界也是按升进主义操作的,这也符合国际上"采升进主义无须明文"的惯例。实际立法者已经在升进主义和固定主义之间作出了选择。同时,建议可借鉴国外做法,引入所有人抵押权制度。

## 二、构建所有人抵押权制度

所有人抵押权是指所有人在自己所有物上设定或存在由自己享有的抵押权。该制度主要由德国民法典所倡。所有人抵押权的主要功能在于排除混同规则和抵押权从属性原则的适用,以便于抵押权的流通和促进不动产金融的发展。但我国《担保法》对此未作规定。最高人民法院的《担保法司法解释》第七十七条虽然有限度地承认所有人抵押权制度,但适用范围过窄,效力规定不甚具体。

### (一)建立所有人抵押权制度的必要性

第一,确立所有人抵押权制度,有利于防止后顺序抵押权人获得不当利益。我国的抵押权制度立法遵循了一般大陆法系国家的立法惯例,采用的是次序升进主义,即次序在后的抵押权可依次升进。[1] 但是,抵押权与所有权发生混同时,若抵押权归于消灭,且递升后次序抵押权人的次序,则等同于牺牲了所有人的利益,增加了后次序抵押权人取得不当利益的机会,造成在所有人、一般债权人的不公。因此,承认先次序抵押权人的所有人抵押权,有助于阻止后次序抵押权人因递升次序而损害所有人利益。

第二,确立所有人抵押权制度,是健全抵押担保制度的一个环节,对完善我国物权制度有重要的现实意义。多年的实践表明,所有人抵押制度的缺失,使得现有的抵押权制度在所有权与抵押权发生混同时,原抵押人利益的平衡无所适从。而在各国普遍承认所有人抵押权制度的情况下,借鉴他国的立法例,完善我国抵押权担保制度不失为有益的尝试。

---

[1] 钟漫菲:《论我国所有人抵押权权制度的完善》,载于《浙江万里学院学报》,2003年第3期。

第三，确立所有人抵押权制度，有利于促进资金的优化配置，充分利用物的价值，促进不动产金融事业的发展。不动产的所有人或有处分权人便可以通过在不动产设立权利的方式获得融资，而投资方的资金也找到了投资点，此时抵押的功效由被动化为主动，由融资功能转化为投资功能。进而推行抵押证券化，有利于对抵押物价值的充分利用，对我国市场经济体制下的资金融通有着重要意义。

### （二）我国所有人抵押权的立法现状

与法、德等两国关于所有人抵押权制度的立法相比，我国立法上该制度存在诸多不足。我国《担保法》中并没有关于所有人抵押权制度的相关规定，只是在后来的司法解释第七十七条规定："同一财产向两个以上债权人抵押的，顺序在先的抵押权与该财产的所有人归属一人时，该财产的所有权人可以以其抵押权对抗顺序在后的抵押权。"笔者认为，该规定存在两点不足：（1）各国均将所有人抵押权列为民事基本问题，立法上也均将其规定在基本法之中，而我国却只对该问题的规定列入法律体系里效力较次之的司法解释中；（2）该规定适用范围狭窄，不能囊括可能产生所有人抵押权的所有情形，未对原始所有人抵押、不保有债权的所有人抵押及同一顺序抵押时的所有人抵押情形作出规定。

### （三）我国所有人抵押权的完善设想

关于所有人抵押权的立法模式，目前世界上主要有以日本和德国、瑞士为代表性的两种立法模式。以德国、瑞士为代表的立法模式对所有人抵押权制度规定得较为完整，包括原始的所有人抵押权和后发的所有人抵押权两方面。此模式采用次序固定原则，以所有人抵押权为普遍规定，即先次序抵押权人的抵押权消灭时，后次序抵押权人不能自动升进，这样防止了后次序抵押权人可以因先次序抵押权的偶然灭失而享有不当得利。以日本为代表的立法模式因继承了罗马法之担保物权之附从性原则，故不承认原始的所有人抵押，而且对后发的所有人抵押也不全部承认，只承认在抵押权与所有权混同时于一定条件下建立所有人抵押。①此模式采取固定升进主义，所有人抵押权的适用范围狭窄，其存在仅是一种例外，即只是所有权与抵押权混同并不当然成立所有人抵押权，其还是以抵押权消灭为原则，只有该抵押权的存续对所有人有法律上的利益，抵押权才能继续存在。

我国抵押法制采用固定升进主义，抵押物所有权人无因清偿债务而自己取得先次序抵押权的余地，牺牲了该抵押物的担保价值，对抵押物的所有权人不利。如果承认所有人抵押，则可以弥补这些不足。因为在抵押物所有人清偿先次序抵押权所担保的债权时，该抵押权即转移给抵押物所有权人，或者抵押权人因购买、继承等原因而取得抵押物所有权时，则所有权人可以将该项先次序抵押权再用作其他债权的担保，融通资金，实现更大的利益；同时也可以抵御后次序抵押权人实行其抵押权，保全抵押物的所有权。②从我国对该问题的相关规定可以看出，我国采用台湾地区的做法，即只有在抵押权与所有权混同时，才可成立所有人抵押权，其只为一种抵押法制的例外情形。然而，为推动我国资金融通，促进市场经济发展，笔者建议借鉴以德国、瑞士为代表的立法模式，对所有人抵押权作广义适用，并基于上述我国立法不足之处，提出以下几点看法：

第一，所有人抵押权作为一项基本的民事问题，应该列入基本法范畴，至少应在《物权法》中加以规定。

第二，在适用范围上，应对所有人抵押权作出详尽规定。一方面是关于原始的所有人抵押权，其主要目的在于促进不动产融资，物尽其用。我国《担保法》是认同担保物权的融资功能的，《担保法》第一条的规定表明，促进资金融通和商品流通是担保物权的重要立法目的，加之我国实际融资的需求，确立原始所有人抵押权确实存在必要性。至于如何设立，笔者认为，可参见梁慧星教授主持拟定的《中国物权法草案建议稿》中的规定："不动产物权人，可以为自己将来设定一项类型肯定、范围明确的物权，保留一个确定的顺位。顺位的保留，自登记时生

---

① 吴波：《论我国所有人抵押制度》，载于《甘肃政法成人教育学院学报》，2004年第1期。
② 崔建远：《完善抵押权制度七论》，载于《河北法学》，2004年第6期。

效。"① 即允许所有人为将来可能发生的债务设定一个范围明确的抵押权，保留一个确定顺位。另一方面是设立完整的后发所有人抵押权制度，包括后发保有债权的所有人抵押和后发不保有债权的所有人抵押。我国司法解释只对后发保有债权的所有人抵押情形作了规定，且规定较简略。而在不保有债权所有人抵押场合，不动产所有人可以将其用于担保以外的债权，从而获取融资。因此，如果不对此情形下的抵押权加以利用，将不符合效率原则。故笔者建议增加不保有债权的所有人抵押规定，同时完善保有债权所有人抵押的规定，有必要大胆地借鉴其他国家和地区的先进立法例、判例和学说，全面建立与健全所有人抵押权制度。

  第三，建立所有人抵押权制度的同时，应同步完善抵押登记制度和实现抵押证券化。目前，我国实施不动产统一登记制度，这将有利于理顺抵押权制度。建立所有人抵押权制度，必须以公示公信原则为基础，使抵押权人能准确了解抵押物抵押情况。因此，完善抵押登记制度就成为设立所有人抵押权制度的前提。另外，抵押权的独立在形式上有赖于抵押权证券化的实现。抵押证券化是指以证券作为抵押权的载体，使其依有价证券的规则在市场上流通。由于证券式抵押可以将抵押物的巨大价值细化，以小额化的方式吸纳来自社会角落的闲散资金，而且因为其免除了登记手续，故具有很强的流通能力。② 这样便有利于促进投资和不动产融资，减少了抵押变更登记的烦琐程序，而适用占有方式进行公示。在追求效率、公平的现实生活中，实现抵押证券化，将促使交易更便捷，有利于所有人抵押发挥效用。

---

① 梁慧星：《中国物权法草案建议稿》，北京：法律出版社，1998年版。
② 司艳丽：《我国物权法中所有人抵押制度构建》，载于《江苏警官学院学报》，2004年第3期。

# 第二篇
## 知识产权法类理论热点及实务研究

以商标、专利、著作权为主要构成内容的知识产权，作为一种体现智力活动成果、兼具人身性和财产性的特殊民事权利，一直在民法学领域占有独特的一席之地。与普通经济活动中存在的民事权利所通常具有的债权性、对人性不同，商标权、专利权和著作权都具有对世性，权利人可以依据知识产权权利在某一领域内直接排斥社会其他公众和经济活动参与人的区域和权利，这也是知识产权"以公开换垄断"的重要特征，因此在科学技术逐渐成为核心竞争力的现代市场竞争环境中，知识产权越发受到市场主体的重视，知识产权法学在民法学研究领域也展现出更多的活力。知识产权法学研究发展到近期，随着新权利的不断出现、各类权利冲突的逐渐暴露，关心的热点也从最开始的强调权利人保护，渐渐向明确各类权利的内容和保护界限，平衡不同权利人和不同权利类型之间的关系，维护经济秩序稳定和促进行业发展转变。本章讨论的商标权、著作权、专利权及不正当竞争领域的四个话题，正体现了细化知识产权权利范围、权利主体享有的禁用权边界这一热门话题，典型案例中法院的判决意见具有一定的指导性，其中蕴含的法学理论也颇有启发性。

# 第一章　商品与服务类似的判定及商标与他人权利的平衡

**理论热点**

　　商品房的名称作为房地产开发商为其商品命名的标识，具有与商品房提供者建立对应联系、区分商品来源的功能，因此从法理上可认定为商标性使用。但是，商品房的名称在商标法领域是否享有权利、享有何种权利，一直在法理和实践中存在争议，尤其是当商品房的名称与他人注册商标具有较高的相似性时，如何认定"商品房名称"的法律属性就显得尤为重要：商品房名称附着于商品房这一不动产上，可以认定为已经属于物权领域，但是其具有的呼叫功能又被剥离出标识的能力，则其是否具有排斥他人的商标权，还是具有不被商标权影响的物的属性？

　　在商标法领域，凡是具有呼叫和识别功能的标识的使用都将被认定为商标性使用，这已经是经修改后的《商标法》所确认的法定原则，也是司法实践中一直予以遵循的基本规则，因此，商品房的名称从被与不动产提供者和商品方本身联系在一起，被用以广告宣传、呼叫甚至印制于购房合同上时，此种名称的"商标性"就已经落入了商标法调整的范围。当商品房名称与他人注册商标相同或近似时，因商品房本身及其销售与不动产的修建、管理等服务范围在主体、内容、受众等方面均高度一致，因此应当属于商品与服务的类似，属侵犯注册商标权的行为；但是，因为商品房名称在商品房物权转移后，被购房者及社会公众所享有和呼叫，实际上已涉及公众利益，故在此类商标侵权案件中，应当考虑商标权人利益与社会公众利益的平衡。

## 案例简介

### 星某湾公司、宏某富公司诉宏某兴公司侵害商标专用权及不正当竞争案

原告星某湾公司、宏某富公司诉称，星某湾公司依法享有第1946396、1948763号"星某湾"注册商标的专用权。"星某湾"作为原告星某湾公司的注册商标及企业字号，已为相关公众所知悉，并享有较高的美誉度，由原告宏某富公司及其控股公司星某湾集团开发的"星某湾"楼盘更是获得了市场和业界的高度认可，为知名商品。被告开发的房地产项目，未经原告授权，擅自将"星某湾"作为楼盘标识使用，侵害了原告的商标专用权。故请求法院判令被告停止侵权，公开道歉消除影响，赔偿经济损失及合理支出共计25万元。

被告宏某兴房地产开发有限公司辩称，原告注册商标核定范围以及类似群，不包括经济适用房。被告所有的项目是经济适用房。被告在2004年将星某湾花苑作为开发项目的地名使用，是作为地名使用，是基于行政行为使用的名称，没有侵害原告的商标专用权。

一审法院查明，2002年9月28日，宏某富公司经国家工商行政管理总局商标局核准注册第1946396号以"星某湾"及字母"Star River"为标志的组合商标，核定使用服务为第36类。2003年9月21日，宏某富公司经核准注册第1948763号与上述标志相同的商标，核定使用服务为第37类。2005年7月14日，上述两商标经国家工商行政管理总局商标局核准转让给案外人广州市宏某宇集团；2008年7月14日转让给星某湾公司。第1946396号注册商标两次被认定为广州市著名商标，有效期自2005年8月至2011年12月；2008年2月，第1946396号注册商标被认定为广东省著名商标，有效期3年。自2001年至2010年期间，宏某富公司就其在广州及太原开发的"星某湾"楼盘在《南方都市报》《羊城晚报》《南方日报》《广州日报》《山西晚报》等媒体及"羊城交通广播电台"投放广告。

2010年10月14日，星某湾公司的代理人李某某在广东省广州市南方公证处与公证员及公证员助理现场操作打印保存了由宏某兴公司开发的"星某湾花苑"的网络信息共10页，包括"星某湾花苑"位置的电子地图打印件，天津市物价局关于"星某湾花苑"二期经济适用住房销售价格的通知，出租"星某湾花苑"内住房的信息。某公证处出具了公证书。

另查明，"星某湾花苑"是宏某兴公司开发的"青某家园"第二期项目。该项目为经济适用房，执行政府指导定价。2004年5月20日，经宏某兴公司申请，该项目获批，使用"星某湾花苑"这一地名，并获得了标准地名证书。

### 审理结果

一审法院经审理认为，星某湾公司依法受让取得第1946396号及第1948763号注册商标专用权，宏某富公司经许可使用第1946396号商标并备案。星某湾公司、宏某富公司的权利依法应受保护。

## 一、宏某兴公司未侵犯原告注册商标专用权及商标使用权

第一，原告"星某湾"商标注册的服务类别与被告使用的商品类别不属于相同或类似。星某湾公司第1946396号注册商标核定使用的服务类别为第36类；第1948763号核定使用的服务类别为第37类。根据国家工商行政管理总局商标局《关于"商品房"如何确定类别问题的复函》（商标函〔2003〕32号）的规定，商品房作为不动产本身不能申请商品商标。因此，涉案两个商标属于与商品房建造、销售有关的服务商标，标示的是提供商品房建造、销售有关的服务商标，标示的是提供商品房建造、销售服务的来源，并非商品房本身的来源。原告注册商标的服务种类与被告使用"星某湾"的商品类别不同也不类似。

第二，宏某兴公司使用"星某湾"的行为并非标示商品或服务来源的商标性使用。房屋属于不动产，这一属性使得在商品房、经济适用房上使用的标识天然地成为标示不动产所在地理位置的地名，宏某兴公司

出于标示地名的目的使用"星某湾",而并非将其作为标示商品或服务来源的商标。由于被告的使用行为并非商标法意义上实现商标功能的使用,因此被告宏某兴公司不构成侵犯原告商标专用权。

第三,宏某兴公司使用"星某湾"的行为不足以造成相关公众的混淆。不动产与公众日常生活联系紧密,具有价值高的特点。购买商品房对消费者来说属重大事项,往往比购买其他商品更为谨慎。在交易中,相关公众对不动产的建造者、销售者的名称、实力、信誉及以往业绩通常会施加特别注意;同时往往会对不同的楼盘进行反复比较,并进行实地考察。开发商的信誉固然是相关公众决定购买商品房的重要因素之一,但楼盘的地理位置、价格才是众多消费者购买时考虑的首要因素。因此,尽管不动产服务与其提供服务的楼盘存在一定联系,但不动产的固有特性使得相关公众不会轻易对不动产的来源及不动产的建造、销售主体产生误认。

## 二、宏某兴公司未对原告构成不正当竞争

根据《中华人民共和国反不正当竞争法》第五条第(二)、(三)项的规定,"擅自使用知名商品特有的名称、包装、装潢,或者使用与知名商品近似的名称、包装、装潢,造成和他人的知名商品相混淆,使购买者误认为是该知名商品","擅自使用他人的企业名称或者姓名,引人误认为是他人的商品",构成不正当竞争。由于原告没有举证证明原告有在天津地区较高"星某湾"品牌知名度的行为,亦未证明宏某兴公司有借助原告知名度的故意,且被告将"星某湾"作为地名使用,不会造成相关公众对不动产来源的混淆。因此,宏某兴公司的行为不构成不正当竞争。遂判决驳回原告星某湾公司、宏某富公司的诉讼请求。

宣判后,星某湾公司、宏某富公司不服一审判决,向某市高级人民法院提起上诉。市高级人民法院经审理认为,商标的基本功能是区分商品或服务的来源,这是《商标法》为注册商标提供保护的出发点。消费者能否正确地将商品或服务与其提供者联系起来而不发生混淆,是认定商标侵权成立与否的重要标准。根据我国《商标法》,商品房本身并不能作为商品商标获得注册,其仅能在服务类申请注册。星某湾公司、宏

某富公司请求保护的"星某湾"文字及字母"Star River"组合的注册商标,核定使用在商品房建造、销售等有关的服务类别上,其保护范围限于服务提供者的服务,不包括服务所依托的商品房本身。商品房作为一类特殊商品,具有地域性很强、不可流动、价格较高等特点,在商品房销售及相关公众购买过程中可能施加的注意均有别于普通商品,商品房市场的购买者往往更关注开发商的商誉、楼盘的位置、价格和配套设施等,不会仅凭楼盘名称而对开发商或服务来源产生混淆,相关公众亦不会认为被上诉人开发的楼盘与上诉人存在某种联系而产生误认或误购。综上,宏某兴公司并未侵犯星某湾公司、宏某富公司就涉案诉争注册商标享有的专用权,亦不构成不正当竞争行为。综上,二审判决驳回上诉,维持原判。

星某湾公司、宏某富公司不服该二审判决,向最高人民法院申请再审,最高人民法院受理再审申请并提审本案,于 2015 年 2 月作出再审判决。最高人民法院认为,一、关于侵害注册商标专用权的问题。(一)关于商品房与不动产建造是否构成商品与服务类似的问题,根据《关于审理商标民事纠纷案件适用法律若干问题的解释》第十一条第三款之规定,商品与服务类似是指商品和服务之间存在特定联系,容易使相关公众混淆。本案两注册商标核定的服务类别分别是不动产管理、建筑等,与商品房销售相比,两者功能用途、消费对象、销售渠道基本相同,开发者均系相关房地产开发商,不动产管理、建筑等服务与商品房销售存在特定的联系,应当认定为商品与服务之间的类似。(二)关于宏某兴公司使用"星某湾花苑"商品名称是否会误导公众的问题。"星某湾"命名的楼盘先后获得了相关荣誉,具有较高的知名度,因此"星某湾"文字系该注册商标中最具有显著性和知名度的部分。宏某兴公司将其开发的楼盘命名为"星某湾花苑",由于该名称事实上起到了识别该楼盘的作用,其实质也属于一种商业标识,该标识中"花苑"为楼盘名称的一般用语,其最显著的部分为"星某湾"文字,与星某湾公司、宏某富公司上述两个注册商标中的显著部分"星某湾"完全相同,呼叫方式一致,加之现代社会信息流通丰富快捷,相关房地产开发商在全国各地陆续开发系列房地产楼盘亦非罕见,宏某兴公司此种使用方式,会使相关公众误认该楼盘与星某湾公司、宏某富公司开发的"星某湾"系列楼盘有一定的联系，容易误导公众。因此，宏某兴公司将与星某湾公司享有商标专用权的"星某湾"商标相近似的"星某湾花苑"标识作为楼盘名称使用，容易使相关公众造成混淆误认，构成对星某湾公司、宏某富公司相关商标权的侵害，应当承担相应的民事责任。二、关于本案民事责任的承担。根据《民法》关于善意保护之原则，在商标权等知识产权与物权等其他财产权发生冲突时，应以其他财产权人是否善意作为权利界限和是否容忍的标准，同时应兼顾公共利益之保护，故法院不再判令停止使用该小区名称，但宏某兴公司在其尚未出售的楼盘和将来拟开发的楼盘上不得使用相关"星某湾"名称作为其楼盘名称。星某湾公司、宏某富公司并未提供其遭受损失的证据，亦未证明宏某兴公司因侵权行为所获得的利益，故综合考虑星某湾公司、宏某富公司并未进入该地域进行相关房地产项目的开发，且宏某兴公司其主观上并无利用"星某湾"商标声誉之故意，星某湾公司、宏某富公司亦未提供宏某兴公司在销售中使用该名称的相关证据，且该楼盘系经济适用房，执行政府指导定价等因素，依法酌定本案赔偿额为10万元。

综上，再审判决撤销了本案一、二审判决，改判宏某兴公司不得在其尚未出售的楼盘和将来拟开发的楼盘上使用相关"星某湾"名称作为其楼盘名称，并赔偿星某湾公司、宏某富公司经济损失人民币10万元；一审、二审案件受理费共10100元，由宏某兴公司承担7000元，星某湾公司、宏某富公司承担3100元。

### 法理评析

本案所涉及的是在商标侵权领域近年来新兴并引起广泛争议的问题，即商品房楼盘名称的使用行为是否会导致商标侵权，以及侵权后果如何承担。在本案之前，各地法院对不同案件作出了各有差异的判断，最高人民法院通过对本案的再审判决，最终为这个热门案件确定了基本方向和结论。

本案中，最高人民法院通过《商标法》第四十八条关于"商标使用"的规定，解释了商品房名称在客观使用方式、呼叫作用等方面所决定的其具有的"商标性"，从而将商品房名称纳入《商标法》的范围予以调整，理顺了物品名称与注册商标进行比较的法律基础。更重要的是，在本案中，最高人民法院在尊重工商总局关于商品房商标只能注册于服务上的规定的基础上，并未简单地将房屋修建的服务与作为商品的房屋本身予以机械割裂，而是在阐明房屋从报建、修建到出售、居住的一系列完整过程中，所具有的不可割裂的一脉相承的联系，并将司法解释中关于如何认定"相关公众"及"商品与服务类似"的规则在具体案件中再次进行了详细阐释，同时指出商标所包含的知名度在判断相似和类似问题中的作用。除《商标法》之外，本案判决相当具有指导性的观点在于，最高人民法院解释了知识产权领域内极为常见但却难以处理的"权利冲突"的问题，创设性地论证了商标权人利益与公众利益的取舍平衡关系，提出了"有限制的停止侵权"的侵权责任承担方式，达到了既保护注册商标权，防止不必要地淡化商标权人的利益和品牌价值，同时又兼顾已形成的公众利益，维护他人物上民事权利的效果。

本案的审理充分体现了最高人民法院在处理知识产权民事侵权案件中能动地将立法精神有创造性地运用于判令被告承担民事责任的方式中，实现了法律效果和社会效果的有机统一，具有典型性和指导意义。

### 理论探讨

## 一、商品房名称的定性：商标性使用与混淆可能性

### （一）楼盘名称的"商标性"

商标附着于商品或服务之上，是一种商业标识，其基本功能为区分商品或服务的来源。包括生产者、销售者等在内的经营主体通过在其商品上或服务中以文字、图形、字母、数字、颜色等要素或要素组合而成的标识，达到使消费者明晰其所获得的产品或服务的提供者，从而实现在市场中予以主体区分、建立商品及服务与其提供者的对应联系的效果。我国《商标法》第四十八条规定："本法所称商标的使用，是指将

商标用于商品、商品包装或者容器以及商品交易文书上,或者将商标用于广告宣传、展览以及其他商业活动中,用于识别商品来源的行为。"因此,《商标法》保护的是商业标识的商标性使用,即以区分商业主体为目的的使用,如果商业主体在经营活动中使用标识会让消费者从获得的商品或获取的服务中直接判别商业主体,或对商业主体的可能性产生联想,则应当属于《商标法》所规定的商标性使用,此种使用方式将受到《商标法》的保护或禁止。

以商品房的名称而言,几乎所有案件中的被告均会抗辩认为商品房名称仅是该楼盘作为一种"物"的呼叫方式,不能起到区分商品来源的作用,因此不能被认定为商标或商标性使用。而"在司法实践中,认定商标性使用的核心在于考察哪些行为是足以实现商标区分功能的行为,可从使用目的、程度及结果等方面予以考量"[1],此种司法判断标准在现实商业活动中的适用则体现在商品房的提供者使用楼盘名称时,是否以品牌的形式对该名称进行宣传推广,是否在其上附着开发商名称予以强调和区分,或将该名称以较高的程度进行突出使用等方式,从而使消费者对该名称产生认知并将该名称与商品房提供者建立直接联系,从而产生了识别商品来源的效果。在现实生活中,商品房开发商通常都会在房屋建设和销售过程中将商品房名称广泛用于行政报批、商业广告、计划书、宣传册、销售合同等文件和材料中,此种使用行为与《商标法》第四十八条所规定的商标使用行为在形式上相符合,且经过大量的宣传后,通常也必然会产生商品房名称与商品房开发者形成对应关系的客观后果,因此,在商品房显著位置或在商品房销售过程中的广告、宣传等材料中突出使用此种名称的方式,已经超出了简单的"物的识别"效果,应当认定为商标性使用——尤其在此种名称具有高知名度时,他人擅自使用该商品房名称的行为将很可能导致侵犯商标权的法律后果和责任。

---

[1] 任容庆:《商标法保护楼盘名称的司法认定——以"星河湾"商标侵权案为中心》,载于《电子知识产权》,2016年第4期。

## (二)"类似"与"混淆"的判断标准

根据《商标法》第五十六条关于注册商标的专用权,以核准注册的商标和核定使用的商品为限之规定,判断商品房名称是否侵犯他人注册商标权,在确定此种名称的"商标性使用"的基础上,还必须建立商品房名称与注册商标核定使用商品或服务同类或类似的法律判断。国家工商总局商标局在《关于"商品房"如何确定类别问题的复函》(商标函〔2003〕32号)中明确规定:"19类'非金属建筑物'是指简易的或是可移动的建筑物,不包括'商品房'。在'商品房'建筑、销售等环节中,建造永久性建筑的服务属于37类,以'商品房建造'申报;出售'商品房'的服务属于36类,以'商品房销售服务'申报。"由此可见,虽然商品房提供者与消费者之间所建立的是"不动产商品"的买卖关系,但作为一种"商品"的商品房本身,是无法取得商品注册商标的,仅能通过服务注册商标予以商标核准和保护。

根据最高人民法院《关于审理商标民事纠纷案件适用法律若干问题的解释》第十一条之规定,商品与服务的类似是指"商品和服务之间存在特定联系,容易使相关公众混淆",同时第十条规定"相关公众"是指与商标所标识的某类商品或者服务有关的消费者和与前述商品或服务的营销有密切关系的其他经营者,正如最高人民法院在再审判决中所指出的,虽然基于商品房的注册商标所核定使用的服务类别仅能基于不动产管理、建筑等服务商标,但与商品房销售相比,两者的功能用途、消费对象、销售渠道基本相同,开发者均系相关房地产开发商,因此,不动产管理、建筑等服务与商品房销售存在特定的联系,应当认定为商品与服务之间的类似。而基于此种类似,当商品房名称与他人注册在商品房建设或销售管理等类别上的注册商标相同或近似时,则可能使消费者产生二者来源相同或有一定联系的认知,此种"关联关系"的误认,即属于《商标法》第五十七条第(二)款所规定的"容易导致混淆"而侵犯注册商标权的行为和后果。

在判断"混淆"时还有一个问题值得特别注意,一些法院判决倾向于以原、被告所销售的商品房的地理空间距离,以及消费者购买商品房通常特别关注开发者而非楼盘名称为由,作出不构成混淆的裁判。但是，商标与企业名称不同，其本身不具有"地域限制"的约束，加之原告商标可能拥有的知名度、现代社会广泛又快速的宣传效果等，商标知名度的覆盖范围不能仅以商标权人住所地或商品房所在地为限；同时，我国《商标法》所称的"混淆"并非混淆的客观结果和必然性，而仅指混淆的可能性，即使消费者在购买商品房时将注意力更多地加之于具体开发商之上，也不能否认因为商品房名称与他人注册商标的近似，产生两个开发商就楼盘开发或提供的服务具有某种关联或许可关系的可能性。因此，上述两项"不混淆"的判断理由，都是缺乏法律和事实依据的。

## 二、停止侵权的适用：商标权与物权的平衡

由于民事案件的审理重点及核心为最大化地保护商标权人的合法权益，因此在侵犯商标权的行为成立时，停止侵权当然应为承担侵权后果责任的首选之项，此为题中应有之义和必然结果。但是，正如本案所体现的客观现象，作为商标持有人和商品房提供者的开发商所享有的权利，与购房者对其所购房屋享有的物权全面占有之间，以及商标权人作为个体与购房者作为公众的利益范围之间，存在实际的权利冲突，并且应当在案件审判中得以平衡。

### （一）商品房名称具有公众性

商标作为一种排他性的个体民事权利，商标权人在使用过程中必然会排斥他人在商标覆盖范围内的使用行为和侵权，这是商标保护的核心和必然。但是，商标权是否必定排斥他人权利范围，就应当衡量与商标权发生冲突的权利是否具有"公众性"。我国《商标法》并未对"公众利益"作出规定，最高人民法院在本案再审判决中将公众利益与小区居民的权利建立了联系。此种联系的基础在于，商品房作为一种面向相对较大范围消费者销售的商品，商品房的名称与该商品本身具有密不可分的关联性，因此商品房名称的稳定性和呼叫使用权在销售行为之后，将不仅属于具体开发商，更被分由众多购房者和全部小区居民享有，甚至在购房者或居民向他人告知其住所时，此种名称也被其他社会公众认

知，那么很显然，商品房的名称不再属于个体权利，而已经具有了公众性，当此种"公众性"的权利已稳定存在时，商标权人的个体利益是否能够抵消或消灭此公众权利，则应当审慎考虑。最高人民法院指出，商品房的名称在房屋报建时经行政审批而固定，并在销售过程中扩大范围，在小区居民入住多年后获得稳定，且并无证据证明其购买该房产时知晓小区名称侵犯了星某湾公司商标权，如果判令停止使用该小区名称，会导致商标权人与公共利益及小区居民利益的失衡。

## （二）以后续行为限制保障商标权人预期利益

虽然如前所述，为平衡商标权人的个体利益和小区居民的物上权利及社会公众的公共权利，法院可以作出商品房不更改名称的"部分不停止侵权"判决结果，但是必须要考虑的是，商标权利不仅基于现实案件中被侵犯的权利的救济，更多的是商标权人能够基于商标所进行的所有商业运营行为。就房地产开发行业而言，就是作为商标权人的房地产开发商得以不断拓展修建、进入新的领域的权利，并且，此种潜在的市场范围和份额所带来的预期利益，在商品房商标领域内是非常巨大的。因此，虽然已被现状固定的商品房名称可以基于公众利益的考量予以存续，但此种存续是以商标权人的忍让为代价的，此种忍让不能超出个案所涉及的具体商品房范围，故除诉争标的之外，商标权人依然就其注册商标享有完整的、排除任何第三人未经许可使用的权利，该注册商标的后续使用范围仅属于商标权人，被告不得基于该个案的判决，继续以侵权的楼盘名称修建新的商品房。

## （三）以经济补偿适当填平商标权人的损失

在适用平衡公共利益的精神作出部分不停止侵权的判决结果时，人民法院应当重视商标权人可能产生的经济利益损失，即必须考虑涉案商标权的经济价值、被告的主观状态、侵权行为的实施情况、所涉及公众利益范围的具体情形等因素，给予商标权人充分的、足额的经济补偿，应当结合《商标法》第六十三条关于民事侵权赔偿定损的规定，确定被告应当支付的经济补偿金。同时，在商品房名称的商标侵权民事案件中运用部分停止侵权替代更名，判定以支付使用补偿金替代停止侵权的民事责任，一般来讲还应当以侵权人明确向人民法院主张其所实施的被控侵权行为主观不愿、客观不宜直接停止实施为前提，人民法院在具体个案的审理中如果发现此种情形，也可以向双方当事人阐明。

# 第二章 著作权侵权中思想表达二分法及实质性相似的认定

**理论热点**

著作权自作者完成作品创作之时便形成，通常被称为一项"天然"的权利。知识产权作为通常会具有排斥他人同领域内智力成果、在某种意义上有垄断意味的特殊民事权利，因此通常需要经过知识产权管理行政机关的审查与授权，而著作权之所以可以称为"天然"，是以"言论和表达自由"的公民基本权利为基础的，故该权利的产生无须其他行政许可。但也正因为如此，当人人都有创作的权利时，因社会文化的共性带来的创作主题的重合性也就无可避免，尤其在当前"人人皆创作"的互联网时代，大量主题类似、风格相近、内容"似曾相识"的作品层出不穷，而这些作品的"著作权"之间是否产生相互排斥的侵权与被侵权关系以及如何认定作品之间的近似，就成为热门话题。

判断作品近似和著作权保护范围的准则是"思想表达二分法"，也就是通说的"著作权法只保护作品的表达方式，而非作品的思想"。这一被国际公约、各国立法所普遍尊重的原则，在实际上仍留有两个关键的问题：一是如何区分作品的"思想"和"表达方式"，二是如何剥离认定作品中的"近似"。较为合理的判断标准是，具有新颖性的创意能否由不同的方式予以表达，或者创意的具体表达程度是否已达普通创作者无须创造性劳动即可按图索骥实现非创造性表达的程度，是判断创意能否上升到表达层面的关键。"表达"不仅包括"表达形式"，还应包括"表达内容"，故以特定方式的编排、组合、确定后即予以固定并能为他人直接提取和复制的作品内容，即应认定为作品的"表达"而受到著作权法的保护。在此基础上，他人对于上述内容不加以创造性劳动，而仅以简单的元素变更、添附等的方式进行的"再创作"，并不产生著作权法意义上的"独创性"，进而不能形成新的作品，而应适用"接触加近似"的判断方法，对侵权行为及结果进行认定。

## 案例简介

### 徐某某诉某王洁具公司侵害著作权纠纷案

原告徐某某诉称，自己作为从事广告设计制作的专业人士，应被告邀请制作了"某王创意（豪杰.wmv）"视频作品。该作品包括文字与视频两部分内容，讲述了一个设计师享受恋爱、结婚、生子的美好生活，并在享受精彩生活中激发了创作的灵感，设计出更好产品的故事。原告的视频作品在整体上具有独创性，综合展现了原告的智力成果。随后，原告不仅将该片交给了被告，还详细解说了原告的创意，获得被告方参加人的认可。虽然如此，被告事后并没有与原告达成将该作品进行制片的合意，而是严重违背商业诚信，未经原告许可，自行使用原告创意作品拍摄了"某王洁具MV"宣传视频，并采取在被告官网及优酷网等网站上发布、在被告公司年会上播出的方式予以公开传播，严重侵犯了原告作品的著作权。故诉请人民法院判令被告立即停止侵权，赔礼道歉，赔偿原告经济损失80万元及合理开支10万元。

被告某王洁具股份有限公司辩称，"某王创意（豪杰.wmv）"视频内容是原告自行选取网络上现有的与宣传产品相同或相似视频广告作品中的镜头或片段，利用电脑软件简单剪辑和拼接合成，有剽窃、抄袭行为，并没有付出智力活动和创造性劳动，不是著作权法意义上的作品，不享有著作权。比较被告的广告视频与原告的"某王创意（豪杰.wmv）"视频，二者在构思上存在略微相同部分，也存在明显区别。就相同构思而言，其为卫浴行业常用构思，属于思想范畴，不受著作权法保护。具体到表达，两部广告片仅有10多个镜头（帧）有近似之处，而这些镜头均为常用镜头，二者在绝大部分的叙事方式、演员、场景设置、场景氛围、影像要素和镜头切换等方面差异巨大，两部广告片表达方式的基本单元也完全不一致，故两个视频不构成实质近似。故请求驳回原告的诉讼请求。

法院经审理查明：2013年8月，被告准备以招标方式选择制作单位拍摄广告片，原告受邀后进行样片制作。样片时长8分24秒，包括6分7秒文字和2分17秒音乐视频两部分内容。文字内容分别为意境构思、能够从意境中感受精彩的内涵式表达方式以及主要故事线索和人物情节。音乐视频为原告将从网上选取的他人创作的卫浴、房地产等广告片段进行组合、拼接，以标注中英文歌词字幕的英文歌曲 What a wonderful world 为背景音乐，片尾推出"Monarch某王洁具"标识。全片无对白、配音，而以音乐视频的形式讲述了一个设计师享受恋爱、婚姻、生子的美好生活，并在享受快乐中收获灵感，设计出畅享精彩生活的某王洁具产品的故事。原告以上述文字加视频组合的方式完成了名为"某王创意（豪杰.wmv）"的广告片样片的制作。2013年9月16日，原告通过网络将该广告片样片传输给了被告市场部部长并于次日在被告举行的招标提案会上进行了播放，向被告介绍了设计创意和内容，但被告未与原告就拍摄上述广告片达成合意和订立合同。之后，被告摄制完成了"某王洁具MV"广告片。该视频广告片时长2分22秒，片头出现"Monarch Dream"字样，视频内容以展现洁具设计师与女主人公邂逅、恋爱、孕育新生命、享受幸福生活并激发设计灵感为故事主线，片尾推出"某王洁具Monarch"标识。全片无对白、配音，以标注中英文歌词字幕的英文歌曲 What a wonderful world 为背景音乐。广告片制作完成后，被告将其在公司成立20周年庆典会上播放并上传至被告公司网站。2014年10月13日，原告发现优酷网上出现了该广告片。

### 审理结果

法院认为，本案争议的焦点和关键问题是原告作品是否具有独创性，其作品属于思想还是属于思想的表达，被告作品是否与原告作品构成实质相似等。

## 一、关于原告作品是否具有独创性的问题

根据《中华人民共和国著作权法实施条例》第二条之规定，只有具备独创性并能以某种有形形式复制的智力成果才能成为著作权法保护的作品。所谓独创性，是指作者独立创作和有一定水准的智力创造。"某王创意（豪杰.wmv）"以音乐视频加文字说明的形式承载了原告的广告创意和思想表达。文字部分简明扼要地表述了作者对广告片的构思和设计，包括主题、题材、故事大纲、人物形象、主要情节等内容；音乐视频部分则以类似摄制电影的方式，以一系列连续的有伴音画面展现了广告片的具体内容，有人物、情节、高潮、结局，并最终达到宣传产品的效果。作品体现了创作人独特的艺术视角和表现手法，凝聚了作者的创造性劳动，无疑符合作品独创性的要求。

## 二、原告作品属于思想还是属于思想表达的问题

著作权法并不保护抽象的思想而只保护思想的表达，我国现行《著作权法》虽然对此没有作出明确规定，但其第五条关于"历法、通用数表、通用表格和公式"不受保护的规定实际上体现了"思想"不受保护的精神。原告作品"某王创意（豪杰.wmv）"虽然是广告片的创意设计且被直接冠以"创意"二字，但结合文字和正片内容看其并不仅限于思想范畴的"创意"。片中文字部分由抽象到具体，从主题思想到人物安排，从题材选择到故事情节，从歌曲选择到主题阐释，逐层呈现了某王品牌的丰富内涵和广告片的逻辑结构。音乐视频则按照文字设计和说明的内容，在主题音乐背景下，通过一系列画面和中英文歌词的组合，演绎了主人公享受恋爱、婚姻、新生命成长等幸福生活，最终烘托出某王产品及某王品牌"畅享精彩生活"的广告主题。可见，原告作品不仅有鲜明的主题思想，更有主题思想下的具体创意和无数的创作细节，其故事情节、事件顺序、人物角色的交互作用和发展足够具体，这些足够具体的表达明显不是卫浴广告的常用表达，原告作品无疑已经属于著作权法保护的"表达"范畴。

## 三、被告作品与原告作品是否实质相似及是否构成侵权的问题

一个作品是否构成对另一个作品的侵权，其认定标准应当遵循"接触加实质性相似"标准。关于"接触"的问题，由于原告完成"某王创意（豪杰.wmv）"后交付给了被告并向被告详细阐述了其广告创意，被告对此也未否认，故被告已实际接触到原告创意的事实没有任何争议。经过详细对比分析和判断，从主题和框架看，被告作品"某王洁具MV"与原告作品"某王创意（豪杰.wmv）"二者在主题选择、故事大纲、题材运用、场景安排等方面完全相同；从表现手法看，被告作品完整使用了原告作品以 What a wonderful world 歌曲营造氛围，突出情节，场景转换配合歌词大意，轻叙事、重意会的手法；从技术层面看，诸多镜头也相同或极为近似。更不能忽视的是，被告作品的创意与整体表达完整地展现了原告作品中文字部分所要表达的全部内容与要素。如果深入对比两个作品，特别是采取剥离的方法，将被告作品中与原告作品中相同的所有元素予以剥离，其剩下的其实只有与洁具产品有关的情节或场景，这些情节和场景乃至镜头的添减明显不足以构成与原告作品完全无关的另一部作品，故被告作品"某王洁具MV"与原告作品"某王创意（豪杰.wmv）"二者构成实质性相似。

被告的行为构成对原告摄制权的侵犯，应当依法承担停止包括传播行为在内使用"某王洁具MV"广告片的行为。法院遂判决被告立即停止侵犯原告著作权的行为，并在判决生效之日起十日内赔偿原告经济损失及合理开支243255元。宣判后，双方均未提起上诉。

### 法理评析

本案主要涉及的是在著作权侵权案件领域内经典却又模糊的"思想表达二分法"如何具体运用、以何种标准判断具有"抄袭"性质的侵权行为等热点问题。《TRIPS协议》明确规定了著作权法并不保护抽象的思想而只保护思想的表达，我国《著作权法》第五条亦实际上体现了

"思想"不受保护的精神。但是，在著作权法并未明确划定"思想"与"表达"的界限的情况下，如何区分两个风格及内容类似的作品是否构成"表达"侵权，在司法实践中仍存在较大争议。

要确定一个创作成果是否属于著作权法语境中的"作品"并受到著作权法的保护，其判断根源在于"独创性"。独创性要达到何种程度才能被著作权法认可，在世界各国的法律中有不尽相同的规定，但普遍而言各国均只强调创作劳动的"独立"和一定程度上思想的"原创"，即使是使用他人作品、经过独特的组织方式编撰而成的作品，只要符合这两个条件，也是受著作权法保护的"汇编作品"。正如本案审理中所正确适用的，原告的作品虽然一部分使用了已有素材，但这并不影响原告作品的独创性和作品认定。

本案另一个具有借鉴意义的论述在于对"思想表达二分法"的准确判断，较为准确和相对客观地从法律规定和案件事实两方面论述了作品的"思想"和"表达方式"如何区分，将"设计师享受恋爱、婚姻、生子的美好生活，并在享受快乐中收获灵感，设计出产品的故事"认定为完整的叙事性作品，并将这些具有足够具体的创作细节与普通卫浴广告的表达方式区分开来，则足以构成著作权法意义上的"表达方式"，受到著作权法的保护而禁止他人未经授权擅自使用。

本案的审理正确适用了我国《著作权法》及实施条例中关于作品和独创性的规定，并深入探讨了作品中"思想"与"表达"的区分和著作权的具体保护范围，并对两个作品是否构成"实质性相似"确立了明确的判断标准，厘清了创作和作品的概念、思想与表达的内涵、近似与侵权的逻辑关系，对如何判断两部作品是否相似，以及在审判实务中正确理解适用著作权法的作品保护和行为禁止的范围，具有积极的指导意义，为今后此类案件的处理提供了参考。

## 理论探讨

### 一、作品的著作权保护："独创性"与"表达"

#### （一）"独创性"的界定

我国《著作权法》所称的"作品"是指文学、艺术和科学领域内具有独创性并能以某种有形形式复制的智力成果，而"创作"是指直接产生文学、艺术和科学作品的智力活动。[1]"独创性"是判断作品是否属于受法律保护的作品的核心要件，"独创"在汉语言中既可以表达"独自创造"，也可以表达"独特的创造"，而在著作权领域中通说认为应当取前者解释"独创性"，即"判断一部作品是否具有著作权法意义上的'独创性'，是指这部作品系由作者独立完成，而非复制他人的已有作品，并且该作品应具有最低程度的创造性"[2]。

通观世界主要国家对"独创性"的法律规定及司法判例，都体现出法律对作品"独创性"的包容度。英国皮特森法官在著名的 Landon Press 案[3]中对"独创性"作出了沿用至今的经典解释，即"著作权法并不要求作品必须是创造的或者新颖的，而只要不是抄袭另一作品的独立完成即可"；同样的，美国联邦第九巡回上诉法院在著名的"甲壳虫胸针案"[4]中提出"著作权保护的是'独立创作'而非'创造更新'"，该观点后被联邦最高法院在 Feist Publications 一案[5]中以"最低限度的创造性（modicum of creativity）"的标准予以再次明确，认为"独创性

---

[1]《中华人民共和国著作权法实施条例》第二条、第三条。

[2] Diamond Direct, llc v. Star Diamond Group, inc. 116 F. Supp. 2d 525；2000 U. S. Dist. LEXIS 15323.

[3] University of Landon Press v. University Tutorial Press Ltd. （1916）2 Ch 601，p. 608.

[4] Herbert Rosenthal Jewelry Corp. v. Edward and Lucy KALPAKIAN. 446 F. 2d 738；1971 U. S. App. LEXIS 9117；170 U. S. P，Q，（BNA）557.

[5] Feist Publication, Inc.，v. Rural Telephone Service Company, Inc. 499 U. S. 340；111 S. Ct. 1282；113 L. Ed. 2d 358；1991 U. S. LEXIS 1856；59 U. S. L. W. 4251.

并不意味着必须创新,就算一部作品与之前已有的其他作品构成高度的相似,只要不是纯粹的复制得来,那么也不当然的就失去了独创性"。法国著作权法认为独创性是作者个性的反映,即要求作者通过具有创造性的表达,将自己的个性体现于所创作的作品上,而德国著作权法第二条规定"著作指人格的、精神的创作",独创性"必须有产生作品的创造性劳动,并通过作品表达出人的智力、思想或感情内容,且作品必须具有一定的创作高度,打上作者个性智力的烙印"[①],大陆法系国家对作品"独创性"的要求在于"体现作者个性",即作品能够反映出作者的独立思维,由作者独立完成,不雷同于其他已有作品即可。

"创作"的汉语语意及"独创性"的著作权法要求,都意味着能够成为作品的智力活动成果应当体现创作者自身的思想理念,只要作品能够反映作者的独立思维,由作者独立完成,不雷同于其他已有作品即可,而并不要求此种"独创"必须排除在作品中出现已有的其他作品,我国《著作权法》所规定的"汇编作品"便以立法的方式对此进行了确认。例如本案的原告作品,虽然使用了已经广为流传的歌曲作为背景音乐,以及其他常见的卫浴素材作为画面组成,但因为原告并非机械地复制上述已有作品,而是通过自己的构思将其进行整合、安排,能够体现出与已有元素完全不同的理念和感受,便已达到了著作权法所规定的"独创性"要求,而应当作为作品予以保护。

## (二)"思想"与"表达"的区分

我国现行《著作权法》第五条关于"历法、通用数表、通用表格和公式"不受保护的规定,体现了"思想"不受保护的精神,对于受到保护的"表达"部分作出了隐含的解释,即作品中的表达应当是将通用部分剥离后,仍能独立存在、体现出作者个性并且不直接来源于其他作品已有内容、具有一定创造性的具体设计。

不同类型作品中所蕴含的"思想"能够通过截然不同的方式予以表达,就本案所涉及的"广告创意"文字作品及由该作品衍生拍摄的MV而言,因为其具有强烈的表意或叙事性,往往情节发展、角色关系、起

---

① 吴汉东等:《西方诸国著作权制度研究》,北京:中国政法大学出版社,1998年版,第41页。

承转合等设定即是作者用以传达其思维过程和思想理念的载体，但并非其中的所有情节线索、场景设计、人物性格、具体桥段、互动关系等都属于表达的范畴，只有这些设计和安排达到足够细致的具体层面，即无法用不加描述性的高度概括词语予以提炼描述，而系内在不可分割的整体时，才能认为符合著作权法要求的"独创性"标准，并进而成为受法律保护的"思想的表达方式"。

## 二、作品保护的禁用权范围："实质性相似"的判断

### （一）"接触加近似"的认定

在判断两个作品是否构成"实质性相似"时，所有法院都采取了"接触加近似"的原则，即如果在后作品的作者有可能接触到在先作品，且两部作品之间出现了难以用"巧合"解释的雷同，在后的创作者未经在先创作人的许可而"借用"作品的侵权行为认定便是充足的。

虽然判断在后形成的"作品"的作者是否"接触"过或"有可能接触过"在先作品较为容易，但使用"接触加近似"理论进行两部作品的相似性判断时，仍然应当注意排除此种"近似"的合理之处，或"不可避免的接触并近似"的可能性。由于文学作品及其衍生作品的叙事性基于多个情节、桥段、场景的有机组合，而在处理某种特定关系或表现某个特定情绪时，叙事的表达方式可能非常有限，此种极为有限的表达方式便构成了"固定场景"，而需要在判断近似和认定侵权中予以谨慎对待。法国著作权法中的"固定场景"（scenes a faire）理论是指"剧中可以独立的时间、角色或场景，它们至少是处理某一主题的标准模式"，该部分即使在享有著作权的作品中也不受保护，因为它们是作品在处理相同主题或相同情形下自然出现的，如果两部作品的相似之处是源于已经进入公共领域的表达方式，则认定侵权就是不符合著作权法的精神的；但当相近似的内容已经凝聚了作者的独创性，在后的作品与在先的作品此种"近似"的合理性自然要受到怀疑，并会进一步否定被告作品的"独创性"，两部作品即构成了受著作权法调整的"实质性相似"。

## （二）以被告主观状态印证侵权行为

许多学者都指出，"相似"并不一定意味着"侵权"，因为在成为作者的道路上，"我们都会'窃取'别人的闪光思想并将它们融入自己的创作结构之中，通过阅读别人的作品并模仿写作，是从读者转变为作者的必经之路。俗话说得好：模仿就是最真诚的恭维"[1]。因此，并不是所有由"接触"带来的"近似"都会导致侵权认定：只要"相似"并非来自故意的窃取和替换，或在后的作者为作品付出了独立创作的相应努力，且近似能够被"公共领域"或"固定场景"以及文化积累所合理解释，那么该相似便应被认定为合理。正如美国联邦第九巡回上诉法院在著名的"甲壳虫胸针案"[2]一案中所论述的："'复写'不一定是故意而为之的，而可能是来源于潜意识中对之前阅读、听闻、观赏过的作品的吸收和运用，因此要求被告在创作过程中完全将在先作品排除于思维之外，是非常不现实的，也是不正确的。"我国 1990 年的《著作权法》在第四十六条规定了"剽窃、抄袭他人的作品属于侵权行为，应当承担停止侵害、消除影响、赔礼道歉、赔偿损失等民事责任"，而修改后的现行《著作权法》在第四十七条第（五）项删除了"抄袭"一词，直接规定为"剽窃他人作品"属于侵权行为，并同时在第（六）项"未经许可的使用"将改编行为亦纳入该范围。在涉及文学及其衍生作品的"剽窃"或未经许可的改编使用行为中，则主要指利用他人设计的故事情节和人物，改头换面，以"同义替换"的方式进行写作，形成另一作品的行为，该被禁止的行为具有主观故意性和客观混淆性双重构成要件，即行为被禁止当以主观故意以他人作品为蓝本或来源为前提，并且该主观故意是否成立，应当由被告负举证责任。

例如在本案中，被告在原告向其投稿、充分了解原告作品的创意及表达该创意的方法后，并未与原告签订创作合同而是随后自行完成了与原告作品在理念、表述上高度一致的作品，且其摄制手法是采取类似于

---

[1] P. L. Thomas, "of Flattery and Thievery: Reconsidering Plagiarism in a Time of Virtual Information", *English Journal*, Vol. 96, No. 5, May 2007.

[2] Herbert Rosenthal Jewelry Corp. V. Edward and Lucy Kalpakian. 446 F. 2d 738; 1971 U. S. App.

文字作品中"同义词替换"的方式，对原告作品进行了大量的场景与镜头的替换，此种替换是简单的、机械的、不具有创作性的，在被告无法陈述和举证证明其创作作品的构思过程、选题讨论、素材收集等细节，难以合理解释其选择与原告独创性的表达方式高度雷同的方式宣传卫浴产品的情况下，被告的该行为自然不能属于能够被我国《著作权法》所容忍的"合理借鉴"或"巧合相似"，故在二者构成实质性近似的前提下，被告未经原告许可使用原告的广告创意作品进行拍摄，应当被认定为实施了《著作权法》第四十七条第（六）项所禁止的未经许可的使用行为，侵犯了原告就该作品享有的著作权，应当承担民事侵权责任。

# 第三章　职务发明的认定与内部协议效力判断

**理论热点**

我国《专利法》第六条规定了职务发明，将其定义为"执行本单位的任务或者主要是利用本单位的物质技术条件所完成的发明创造"。因此，判断一个发明创造是否为职务发明，关键在于审查该发明创造的形成过程中是否主要使用了单位的物质技术条件，或该发明创造是否属于发明人履行本职工作。"职务发明"既是一个事实状态，同时也是一个法律判断，尤其是如何判断"执行本单位工作任务"这一问题在经济不断发展、企业治理结构不断发展变化的现代社会经济环境中，有部分员工本身在公司担任管理者，甚至高级技术人员，则这种身份下所产生的智力成果，是否当然属于履行本职工作，或是否可以将职工个人的发明创造活动与履职行为予以剥离，也是一个新生的问题。

在技术逐渐成为核心竞争力的现代经济环境中，拥有专利权在一定程度上可能意味着占据市场竞争的优势地位。许多单位为了激励员工进行发明创造，可能通过与职工签订各类"激励协议"的方式约定员工进行技术创造及奖励报酬，而此种协议是否影响职务发明的认定，是否可以适用《专利法》第六条第三款所规定的"利用本单位的物质技术条件所完成的发明创造，单位与发明人或者设计人订有合同，对申请专利的权利和专利权的归属作出约定的，从其约定"，则须审查协议所涉及的技术内容是否在本质上符合《专利法》关于职务发明的事实要件，而不能简单地以协议字面表述认定。

## 案例简介

### 叶某某诉某石墨科技公司专利申请权权属纠纷案

原告叶某某诉称，原告原在国内某碳素企业工作，熟悉等静压石墨一般公知生产技术，在从原企业离职前，对等静压石墨生产工艺资源配置、生产过程控制等进行了深入细致的研究，理清了一套较之原有技术更为进步的新的生产工艺技术和流程。2009年8月1日，原告受聘于被告某石墨科技公司处，任备料压型车间主任，在任期间，根据自己的研究将备料压型车间原有的工艺和设备配置做了局部修正，并对流程控制提出部分改进建议，取得了良好效果，被告遂于2010年2月11日正式任命原告为总工艺师兼生产总调度。2010年7月15日，被告法定代表人与原告就"高纯等静压石墨生产技术的提供"和对原告实施该技术予以激励签订了《技术提供及激励协议》（以下简称《激励协议》），明确原告（甲方）为高纯等静压石墨生产技术的技术提供方，应以被告聘用专业技术人员身份开展工作的同时，将上述技术的所有工艺设备配置、工艺过程、技术参数、技术资料、操作技能等提供并培训给被告。协议签订后，双方均按约履行了各自的义务。2011年10月，原告为保护自己的技术成果，与某专利代理事务所沟通拟将自己的发明创造申请发明专利，并将申请专利的基础资料发给了该事务所，文件表明申请人及权利人均为原告本人，但原告在2011年12月6日被告组织召开的新科技成果鉴定会的会议材料中发现，中华人民共和国国家知识产权局（以下简称国知局）下发的《大规格细颗粒各项同性等静压高纯石墨的生产工艺》（申请号：201110339832.2）《专利申请受理通知书》，载明的申请人为被告。原告遂诉请人民法院判令《大规格细颗粒各项同性等静压高纯石墨的生产工艺》（申请号：201110339832.2）的专利申请权归原告所有。

被告某石墨科技公司辩称：第一，原告在其原企业工作期间并未担任技术工作，且该企业并无生产大规模石墨产品的车间，故原告不具备研究大规模石墨产品的理论基础和从事生产实践过程的物质条件，其所称的在到被告处就职前已完成涉案技术的研发不是事实;第二,被告系专业研制、生产石墨产品的大型企业,具有完整的生产设备流水线和成熟的高纯石墨生产工艺,拥有自己的技术骨干团队,原告到被告处工作后,通过参与涉案专利申请技术Φ900mm大规格产品研发项目,并利用被告的生产设备等一系列物质条件,与研发团队一起完成了涉案专利申请技术,且原告在被告处担任总工艺师,职责即为改进现有生产技术和研发新技术,故涉案专利申请技术系职务发明创造;第三,原告与被告法定代表人所签订的《激励协议》并不能说明原告所称的其到被告处任职之前即完成了相关技术的研发,而是约定原告在被告现有工艺及设备基础上进行合理的技术改造,且其中所称的"高纯等静压石墨生产技术"与涉案专利申请技术并非同一技术。据此,请求人民法院驳回原告的诉讼请求。

法院经审理查明:原告于1994年4月起在某高纯石墨制品厂工作,历任工人、班长、车间主任、生产处处长。2009年8月3日从该厂离职,于2009年8月1日起在被告处工作,2010年1月16日任生产总调度兼任备料压型车间主任,2011年2月11日任总工艺师兼生产总调度。原告所提交笔记本两本,一本表明其自2002年至2006年对石墨生产研发所做的笔记,原告自认笔记本中所记录石墨尺寸最大为Φ700mm;另一本笔记本为原告到被告处任职后自2010年1月20日起所做的生产记录及工作记录。原、被告均表明涉案石墨生产工艺的研发需要多种原料及大型设备等物质条件。

2010年7月15日,原告作为甲方、被告法定代表人陈某作为乙方签订《激励协议》,第一条载明"甲方为高纯等静压石墨生产技术的提供方;现为某石墨科技公司聘用人员"。第二条载明"就某石墨科技公司生产中,甲方提供的高纯等静压石墨生产技术,说明如下:在某石墨科技公司现有工艺设备基础上进行合理成本的技术改造,组织协调公司的生产技术管理,负责生产线的合格产品达到设计产能"。同时,第三条"技术实施要求"中约定了原告须完成的工作,包括将技术的工艺设备配置、工艺过程、技术参数、技术资料等提供并培训给被告公司人员,并按被告"技术研发体系的安排,应用以上技术进行新技术、新产品研发"。第四条"技术激励条款"约定该《激励协议》签订后乙方应以个人名义或被告名义向原告分期支付人民币共80万元,并载明"在采用甲方提供的以上技术和管理指导下,某石墨科技公司自主生产出直径500mm及直径500mm以上的合格产品"。第六条"激励考核条款"约定了被告通过实施该技术应取得的收益及应获得的资料。该《激励协议》签订后,原告分别于2010年8月2日、10月14日及2011年7月12日收到协议约定的金额80万元。被告于2011年4月生产出Φ500mm合格产品并上市销售。被告在生产中制作《质量检查月报表》,记录了每月生产工序、投料量、产出量、检查结果、合格率、成品率、废品率等内容,均有原告作为"审核人"签字,其中2011年10月报表在"备注"中载明"每道焙烧工序的综合成品率中含Φ700以上规格的试压产品、三焙产品与一次石墨化产品的综合成品率中包含浸渍增重不达标和Φ700规格以上的试压产品"。被告表示其于2011年8月已生产出Φ900mm产品,但未批量生产。

2011年10月18日,被告作为委托方与某专利代理事务所签订《专利代理委托协议书》,约定由某专利事务所代理向国知局申请发明专利2件、实用新型专利6件。2011年11月2日,国知局出具《专利申请受理通知书》,载明已受理申请人为被告、发明创造名称为"大规格细颗粒各向同性等静压高纯石墨的生产工艺"的专利申请,申请日为2011年11月1日,申请号为201110339832.2,说明书中载明"本发明生产出的石墨产品规格较大,可达到Φ900及以上"。被告于2011年11月22日就该专利申请向国知局缴纳专利申请费1070元。2011年12月7日,某省科学技术厅出具《科学技术成果鉴定书》,鉴定的成果名称为"大规格等静压特种石墨(Φ900)技术工艺研究及产品开发",在技术说明部分载明"国内部分厂家能实现Φ600mm的产品批量生产,并进行了试验生产的规格最大为Φ700mm产品,尚未成功,大规格产品生产技术依然被国外所垄断","鉴定意见"部分载明"该项研究成果创新性强,在产品规格上有重大突破,属国内首创;部分技术指标达到国际同类产品的先进水平,特别适合光伏等行业应用"。

## 审理结果

法院一审裁判认为，《中华人民共和国专利法》（以下简称《专利法》）第十七条所规定的"发明人或设计人有权在专利文件中写明自己是发明人或设计人"，原告主张其于到被告处任职前已完成涉案专利申请技术的研发，是涉案专利申请技术的发明人，但在庭审中其明确表示，所举证据笔记本是对2002年至2006年工作研究的记录，其中所记载的石墨规格最大为Φ700mm，涉案专利申请技术系用于生产规格达到Φ900mm以上的石墨产品，原告所举证据材料不能证明其在2009年8月1日到被告处任职前已经掌握了Φ900mm的石墨产品的生产工艺，故对原告该主张不予支持。

原告以《激励协议》所约定的其为石墨技术提供方而主张其是Φ900mm高纯石墨的生产工艺的发明人，《激励协议》所约定的石墨技术明确是Φ500mm及以上，而被告在2011年4月生产出Φ500mm合格产品并上市销售。此表明在签约时，即2010年7月时，原告尚未掌握Φ900mm高纯石墨的生产工艺。而该生产工艺客观上需要石油焦、沥青胶、石墨粉等原料以及磨粉机、压片机、双面压机、等静压机、焙烧炉、浸渍设备等大型设备及车床，这些原料和设备通常不为自然人所购买，需以单位的物质条件为保障方能完成。原告自2009年8月1日起在被告处工作，2010年1月16日任生产总调度兼任备料压型车间主任，2011年2月11日任总工艺师兼生产总调度，双方均认可总工艺师职责包括企业生产开发所需技术的研发和改进。结合《激励协议》所约定的内容，原告的工作职责包括对石墨生产技术及工艺进行改造、指导生产等，且原告所举证的其在被告处任职期间的笔记本中的工作记录和生产指导记录亦可反映出原告的日常工作职责包括指导生产石墨并进行石墨生产工艺的改进，可见，原告在被告处的工作与石墨生产工艺的研发改进紧密相关。根据《专利法》第六条第一款关于"执行本单位的任务或主要是利用本单位的物质技术条件所完成的发明创造为职务发明创造。职务发明创造申请专利的权利属于该单位；申请被批准后，该单位为专利权人"的规定，原告主张其为涉案专利申请技术的发明人缺乏事实和法律依据，故对其关于涉案专利技术申请权应属于原告的主张不予支持，对被告的相反主张予以支持。

综上，某市中级人民法院一审判决驳回原告叶某某的诉讼请求。宣判后，原告叶某某提出上诉。某省高级人民法院经审理认为，第一，从《激励协议》的相关约定来看，该协议第一条载明上诉人叶某某为被上诉人某石墨科技公司聘用人员，第二条载明"就某石墨科技公司生产中，叶某某提供的高纯等静压石墨生产技术，说明如下：在某石墨科技公司现有工艺设备基础上进行合理成本的技术改造，组织协调公司的生产技术管理，负责生产线的合格产品达到设计产能"。以上约定首先说明叶某某是作为某石墨科技公司的聘用人员而从事研究和生产活动，其次说明叶某某是在某石墨科技公司现有工艺设备基础上进行合理成本的技术改造，组织协调公司的生产技术管理，该约定本身即反映出叶某某是作为某石墨科技公司的聘用人员并在公司的授意和安排下进行工艺技术的改造和生产技术管理。第二，从双方对《激励协议》的约定以及履行情况并结合双方所签订的《劳动合同书》分析，上诉人叶某某是在劳动合同所约定的期限内，一方面在完成劳动合同所规定的工作，同时又在履行《激励协议》所约定的义务，但无论是完成劳动合同所规定的工作，还是在履行《激励协议》所约定的义务，其劳动成果均与某石墨科技公司的授意和安排有关，其工作职责包括指导生产石墨和进行石墨生产工艺的改进，而生产石墨和进行石墨生产工艺的改进均离不开被上诉人某石墨科技公司的物质、技术条件，为此，一审法院根据《专利法》第六条第一款关于"执行本单位的任务或者主要是利用本单位的物质技术条件所完成的发明创造为职务发明创造，职务发明创造申请专利的权利属于该单位，申请被批准后，该单位为专利权人"的规定，驳回叶某某关于涉案专利技术申请权应属于其个人的主张正确，二审法院应予以维持。据此，二审判决驳回叶某某的上诉，维持原审判决。

### 法理评析

本案主要涉及职工在单位进行的发明创造等工作活动所产生的成果权利的归属问题。目前，科学技术日益成为企业的核心竞争力，专利技术涉及的经济价值在市场运营中正占据着越来越重要的地位，加之专利许可使用费通常是通过合同明确约定且价格普遍较高，而职务发明的发明人所依法应当获得的报酬不仅难以约定明确数额，通常其金额也将低于专利许可使用费，故职工与企业作为独立的市场主体，就专利的权属产生争议已经成为一个普遍的现象。因此，处理好职工与企业之间的关系，正确适用《专利法》的规定依法维护企业和职工的权利，对鼓励创新、增强企业竞争力和推动科学技术发展具有不可忽视的重要意义。

  本案的审理正确适用了《专利法》及实施细则所规定的职务发明的事实要件判断，并对经济生活中出现的员工与单位所签订的涉及技术成果的《激励协议》的性质和内容进行了具体分析，理顺了员工与单位的雇佣关系、发明人与专利权人的奖励关系、职务发明认定中障碍和干扰的排除等问题，对此类案件具有一定的针对性和借鉴意义。

### 理论探讨

  我国《专利法》第六条第一款规定："执行本单位的任务或者主要是利用本单位的物质技术条件所完成的发明创造为职务发明创造。职务发明创造申请专利的权利属于该单位；申请被批准后，该单位为专利权人。"符合《专利法》该款所规定的两个条件之一的，则涉案发明创造为职务发明。其中，"执行本单位的任务"包括发明创造人系因完成岗位本职工作而形成技术成果，或发明创造人为完成单位指派的职务而形成相应技术成果；"主要利用本单位的物质技术条件"则主要指一项发明创造无法由自然人依靠自身条件或自有设备完成，而必须利用本单位的现有技术设备。职务发明为一个法律事实判断而非法律价值判断，即原、被告双方只需举证证明涉案技术成果的形成过程，还原发明创造的主体身份、客观条件及最终形态，便能确定该项技术成果的性质是否属于职务发明。《专利法》第六条第一款前段即为事实判断，后段规定了在事实基础上的法律价值判断即专利权的归属，亦即涉及该法律问题的争议事项的关注焦点。

## 一、技术成果的形成时间是认定发明人及成果是否为职务发明的基石

《专利法》第六条对职务发明的事实要件作出了执行本单位任务和利用本单位物质技术条件两项明确规定而蕴含于法条文字表达之中，同时也是认定职务发明的最根本基石的事实要件，则为"本单位"所指的发明创造人与单位之间形成的劳动关系，只有在这个前提下，才有讨论职务发明的可能性。根据《中华人民共和国专利法实施细则》（以下简称《实施细则》）第十二条之规定，在本单位工作期间以及退休、调离原单位后或者劳动关系终止后一年内做出的与发明创造人在其原单位承担的本职工作或者分配的任务有关的发明创造，符合《专利法》第六条所规定的职务发明创造，若发明创造人完成技术成果的时间早于与单位建立劳动关系的时间，且在完成技术成果的过程中并未使用单位的物质技术条件[①]，则该项技术成果不为职务发明。

例如在本案中，原告诉称其于到被告处任职前即已经完成涉案Φ900mm大规格石墨生产技术的研发，符合《实施细则》第十三条关于发明人的规定，故本案首先需要还原的案件事实，即为涉案技术成果的形成时间是否为双方劳动合同存续期间。经审理查明，原告与被告于2009年8月1日签订劳动合同，而原告证明自己独立完成涉案技术成果的证据主要为两本记录技术参数与日常工作的笔记本，其内容为2002年至2006年工作研究记录，该研发时间远早于双方签订合同的时间，从理论上具备该项发明创造不为职务发明的时间条件。根据我国《专利法》及《实施细则》的规定，专利的申请须写明专利所要求保护的技术领域、发明内容、具体实施方式等[②]，且因每个技术参数的不同，构成不同的新颖性、创造性、实用性特征，得以形成多个可单独要求保护的发明专利，则在司法实践中需进一步审查在此时间段内进行的

---

① 此种情况下，若发明创造人与单位签约前形成事实上的委托开发或者合作开发等关系，则应根据《专利法》及《合同法》关于技术合同的相关规定，对发明人及专利权归属作出相应的认定。

② 《中华人民共和国专利法》第二十六条，《中华人民共和国专利法实施细则》第十六条、第十七条、第二十一条、第二十三条。

技术研发是否为涉案的技术成果，即二者的技术领域、内容、特征、实施方式等是否相同或等同。本案中，原告所举证的笔记本中所涉及的石墨规格为Φ700mm，而涉案专利技术为Φ900mm石墨的生产技术，结合四川省科学技术厅出具的《科学技术成果鉴定书》，Φ900mm石墨的生产技术为石墨生产领域中具有突破性的生产新技术，故根据发明专利的特点，原告所举的证据尚不能证明其在到被告处工作前即已研发完成涉案专利技术，不为涉案专利技术的独立或唯一发明人。

## 二、《激励协议》约定技术奖励及技术研发要求而不约定技术成果知识产权归属的，不影响职务发明的认定

根据《专利法》第六条第三款之规定，利用本单位的物质技术条件所完成的发明创造，单位与发明人订有合同对申请专利的权利和专利权的归属作出约定的，从其约定。故在职务发明这个法律事实成立的情况下，专利权人并不必然归属单位，发明人和单位之间仍然可以通过签订协议明确约定权利归属的方式影响法律价值判断，此时，最重要的即双方的约定必须是对权利归属的明确约定，而非仅对完成技术的要求、完成技术后的奖励等其他事务性约定，否则仍应当适用第六条第一款之规定，对职务发明的专利权归属作出认定。在现实经济生活中，可能存在单位与发明创造人签订的《激励协议》形式多样、用语不规范等多种问题，因而在审理职务发明案件时，法院应当特别注意解释双方签订的协议中对技术内容的具体规定及实施技术开发的过程，并通过双方对研发过程所举证据材料，判断双方的协议是否影响职务发明的判断。

在本案中，原告以双方所签订的《激励协议》主张其实际为技术成果提供方，协议中所约定的技术开发实为实施原告已有的研发成果，故涉案技术成果不应为职务发明。通过庭审查明的事实可知，《激励协议》中虽然载明了原告"为高纯等静压石墨生产技术的提供方"，在被告的生产过程中提供技术等内容，但综观整个协议的表述和约定内容，该份协议的主要目的在于将原告已经掌握的石墨生产技术，通过被告的生产过程和工艺，进行进一步改进和研发，最终实现大规格石墨的生产技术。协议中明确约定了被告首先应实现Φ500mm规格的石墨生产，结

合原告所举证的两本研发笔记中所载明的石墨规格,则双方在签订协议时,双方对原告所能提供的现有技术成果的认知及预期为最大能生产出此种Φ500mm规格的石墨。根据《激励协议》约定的内容,以及原告在到被告处任职后进行的岗位调整和所任职务内容,加之被告的具体生产过程、涉案石墨生产对技术设备、物质条件的特殊要求,本案中,原告作为被告的总工艺师,对石墨生产专业企业的被告的石墨生产技术及产品具有设计研发的职责,其工作职责和内容包括对石墨生产技术及工艺进行改造、指导生产等,在被告处的工作与石墨生产工艺的研发改进紧密相关,而涉案Φ900mm规格石墨的生产技术为石墨生产领域的新技术,虽该技术系从原告在《激励协议》中载明的Φ500mm规格石墨生产技术上进一步研发而来,但二者规格的不同直接导致其技术参数、新颖性、创造性的改变,从而形成了新的专利技术。Φ900mm规格的石墨生产技术系原告在被告处履职过程中,利用被告单位所有的物质条件所实现的发明创造,符合《专利法》第六条第一款所规定的职务发明的事实条件,故涉案技术成果并非原告自行研发成果,《激励协议》中关于原告为"技术提供方"的表述并不涵盖涉案诉争的Φ900mm规格石墨的生产技术。在此种情况下,《激励协议》并未对新技术的专利权归属进行约定,故本案应适用《专利法》第六条第一款之规定,该技术成果的专利申请权及专利权均应为被告即单位所有。

# 第四章 商标与企业名称简称相同的不正当竞争认定

**理论热点**

注册商标与企业名称的权利冲突是商标侵权与不正当竞争领域内近年来新兴并且持续不断的热门话题,最高人民法院在《关于审理注册商标、企业名称与在先权利冲突的民事纠纷案件若干问题的规定》司法解释中对此类权利冲突的处理原则作了规定,但在司法实践的判断中仍然存在一定争议。

在商业活动中,商标和企业名称都具有区分商品或服务来源的功能,属于市场主体对外宣称身份的标志,并且经过市场主体的长期经营活动,可能在企业名称和商标上凝聚商誉从而增强市场竞争力。在《商标法》语境下,商标和企业名称都可能作为商业标识而被法律保护,但是,由于商标和企业名称通常来自思维创造,难免会有重复的情况,加之商标权利的全国性和企业名称通常具有的地域性特征,相同或近似的商标及企业名称先后出现、在不同地域被不同主体使用的情形在商业活动中并不少见,导致《商标法》或《反不正当竞争法》语境下的"混淆"及"误认"的法律后果难以避免,最高人民法院亦在其司法解释中明确将"企业名称侵犯注册商标专用权或者构成不正当竞争"的情形规定为人民法院受理案件并应依法作出确认侵权、承担民事责任的案由。

决定企业名称是否与注册商标权形成不正当竞争,应当以知识产权保护在先权利原则为基础,并充分考虑注册商标或企业名称的知名度或显著性、行为人的主观状态等重要因素,结合法律规定及立法精神予以判别。

## 案例简介

### 上海精某密科学仪器有限公司诉上海精某学科学仪器有限公司、科某析仪器成套有限公司侵害商标专用权及不正当竞争案

原告精某密科学仪器有限公司（以下简称精某科公司）诉称，原告是具有悠久历史底蕴的国内仪器仪表行业的大型知名企业，经过二十年的培育和发展，原告在国内分析仪器行业内具有重要影响力，"上海精某科"和"精某科"在本行业迅速成为原告企业名称的简称、知名商品特有名称及未注册商标。现被告上海精某学科学仪器有限公司（以下简称"精某学公司"）在明知原告企业知名度的情况下，在 2009 年设立登记时使用了与原告企业名称近似的名称。被告精某学公司在其设立的公司网站的页面及产品宣传上还使用"上海·精某科"标识，在生产的产品上使用"精某科"商标。被告科某析仪器成套有限公司（以下简称"科某析公司"）与原告有十多年的经销关系，在明知"精某科"与原告的关系及影响力的情况下，于 2001 年 8 月在未告知原告的情况下向国家商标局申请在第九类商品上注册"精某科"商标。两被告的行为构成不正当竞争。故起诉要求被告精某学公司停止使用其企业名称、被告精某学公司停止在产品或产品宣传上使用"上海·精某科"标识、两被告停止在第九类商品上使用"精某科"商标、两被告赔偿原告经济损失人民币 50 万元。审理中，原告表示，就"上海精某科"和"精某科"就主张企业名称权，不再主张未注册商标和知名商品特有名称。

被告精某学公司辩称，原告对其主张不享有任何权利，其诉请无事实和法律依据，请求驳回原告诉请。

被告科某析公司辩称，原告不享有"精某科"的注册商标专用权，无权提起诉讼。原告企业的字号应为"上海精某密"而非"精某科"。"上海精某科"也不能作为原告产品名称使用。原告系自 2007 年起才在其产品和包装上标注"上海精某科"，该行为侵犯了被告科某析公司对其在先注册的商标享有的注册商标专用权，其已在成都法院另行提起侵权诉讼。故原告诉请无法律依据，应予以驳回。

法院经审理查明：

## 一、原告企业设立登记及知名度情况

1988年3月，上海光学仪器厂、上海分析仪器厂、上海雷磁仪器厂、上海天平仪器厂等15个单位签订协议书，由上述单位组建成立上海精某密科学仪器公司。据原告持有的企业法人营业执照记载，原告公司的成立时间为1990年11月6日，注册资本为152959000元，经营范围为各类科学仪器仪表、光学仪器、分析仪器、实验室仪器、测量仪器仪表、电光器件等。原告自1996年起，被多个权威机构授予多项荣誉称号，并持续在媒体上进行宣传，其产品及企业持续被平面及网络媒体进行报道。1996年8月1日，原告创办了《精某科报》（每月一期），原告提供的1996年8月至2001年9月和2010年1月至2010年11月的《精某科报》表明，该报主要用于介绍原告及旗下各分厂的经营情况及相关产品。原告在对外活动中以"精某科公司"或"上海精某科"出现。

2010年6月10日，中国仪器仪表行业协会出具情况说明，主要内容有：原告系中国仪器仪表协会常务理事单位，是分析仪器分会副理事长单位，是目前国内最大的科学仪器制造集团之一。该公司是国内第一台分光光度计、第一台天平仪器、第一台PH计以及第一台旋光仪的诞生地，是中国分析仪器产业的重要发源地之一。该公司产品在国内市场享有很高的声誉和市场占有率，是国内分析仪器产业的龙头企业之一。"上海精某科"是原告在仪器仪表行业内以及国内市场的简称，并被同行所完全认同。只要说到"上海精某科"就是指原告。对于"精某科"的品牌及它的影响，我们在"上海精某科"的企业介绍和产品样本中获悉并熟知它的语义，至于其他"精某科"牌分析仪器，既没有看到过任何产品，也没有听说过。

## 二、被告商标注册及使用情况

被告精某学公司于2009年10月30日登记成立，注册资本200万元,经营范围为精密科学仪器(除医疗器械)的加工、生产、销售,仪器仪表、一类医疗器械等的销售,从事精密科学仪器领域内技术开发、技术咨询、技术转让、技术服务等。被告科某析公司成立于1999年9月27日,注册资本500万元,经营范围为科学仪器仪表的生产、销售等,其于2001年8月向商标局申请注册商标并获注第1916351号"精某科"商标,该商标被核定使用的商品为第9类。

2009年11月,两被告与案外人上海舜某宇恒平科学仪器有限公司(以下简称舜某宇公司)签订《定牌制造(OEM)协议书》,协议约定,被告科某析公司将其在第9类上的第1916351号"精某科"注册商标许可被告精某学公司委托舜宇公司在生产的分光光度计、电子天平等相关产品上使用。被告科某析公司生产的产品均标有"精某科"标识。被告科某析公司提供的722N型"可见分光光度计"的《操作手册》和仪器上均署有被告精某学公司的名称,并标明制造商为舜某宇公司、品牌授权方为被告科某析公司。《操作手册》和仪器上还标有"精某科·仪器"字样;精某学公司的公司网站首页页面左上角显示"上海·精某科"标识,其中的产品照片上均标有"上海·精某科"标识。

## 审理结果

当地人民法院经审理认为:

## 一、被告精某学公司使用其企业名称的行为认定

原告企业名称中使用的"精密科学仪器"实际上是一类产品的名称,因此,原告的企业名称采用了"地名+行业名称+公司组织形式"的组合方式。而企业名称中具有识别意义的系企业的字号,原告企业名称的组合方式恰恰缺失了最具有识别意义的要素。这种使用方式,使原告的企业名称存在显著性和识别性较弱的先天缺陷。虽然原告提供的证据表明,经过原告的持续经营,原告的企业名称取得了较高的知名度,但并不能弥补企业名称缺失字号的先天缺陷。被告精某学公司的企业名称采用了"地名+字号+行业名称+公司组织形式"的组合方式。对同

在本市从事科学仪器生产、销售的企业而言，被告精某学公司使用的企业名称中地名、行业名称和公司组织形式的表述方式系行业内通用的一种表示方式，而"精某学"系被告精某学公司的字号。因此，虽然原告与被告精某学公司系同业竞争者，两者的企业名称之间仅存在"精某密"和"精某学"的差别，但原告名称中的"精某密"系产品名称的组成部分，被告精某学公司中的"精某学"系作为字号使用。因此，原告与被告精某学公司的企业名称全称各自代表了不同的企业，法院对原告要求被告精某学公司停止使用其企业名称的主张不予支持。

## 二、关于注册和使用"精某科"商标的行为认定

### （一）原告"上海精某科"和"精某科"是否具有知名度的问题

原告提供的证据表明，在被告科某析公司 2001 年 8 月申请注册涉案商标前，原告已将"上海精某科"和"精某科"作为企业名称的简称在使用，并取得了一定的知名度，原告的经销商与原、被告均为同行业，这些经销商遍布全国各大城市。因此，"上海精某科"和"精某科"已作为原告企业名称的简称使用的识别作用在原、被告行业内的影响范围较大。综合上述因素，在被告科某析公司申请注册涉案商标前，"上海精某科"和"精某科"已作为原告的企业名称的简称予以使用，并具有一定的知名度。

### （二）企业名称的简称能否作为企业名称予以保护的问题

原告主张将"上海精某科"和"精某科"予以保护的依据为《反不正当竞争法》第五条第（三）项，故关键在于能否将企业名称的简称作为企业名称予以保护。法院认为，对于具有一定市场知名度、为相关公众所熟知、已实际具有商号作用的企业名称的简称，应视为企业名称予以保护。原告提供的证据表明，"上海精某科"和"精某科"在其行业内已具有一定的知名度，其长期将"上海精某科"和"精某科"作为其

企业名称的简称对外使用的行为已使相关公众将"上海精某科"和"精某科"与原告企业建立了直接的联系和指向作用,"上海精某科"和"精某科"已起到了识别原告商品来源的作用,已实际具有商号作用,故本案中,"上海精某科"和"精某科"应视为原告的企业名称予以保护。

### (三)被告科某析公司的行为认定

被告科某析公司作为同行业经营者,并且在 2001 年 8 月前即成为原告的经销商,应知晓原告对"上海精某科"和"精某科"的使用情况;在其与原告签订的经销商协议中涉及对原告的称呼时也采用了"上海精某科"和"精某科公司"的表述方式,也应知晓原告将"上海精某科"和"精某科"作为其企业名称的简称使用并具有一定知名度的事实。因此,无论从"上海精某科"和"精某科"取得的知名度,还是从原告与被告科某析公司履行协议的过程中,被告科某析公司在将"精某科"申请为注册商标时,就已知晓原告将"上海精某科"和"精某科"作为其企业名称的简称使用的事实。在原告与被告科某析公司均从事科学仪器仪表的生产销售,具有同业竞争关系的情况下,被告科某析公司将"精某科"作为商标申请在第 9 类的光度计等仪器仪表产品上注册,注册后又长期不用,到 2009 年才在相关产品上使用。被告科某析公司实施的上述行为主观上具有攀附原告企业知名度的故意,客观上会造成相关公众对原、被告商品来源的误认,损害了原告的合法利益。因此,被告科某析公司将原告在先使用的企业名称简称"精某科"注册为商标并予以使用的行为,构成了对原告企业名称权的侵犯,属不正当竞争行为。

### (四)被告精某学公司的行为认定

被告精某学公司存在两节行为:一是在网站及网站发布的产品照片上使用"上海·精某科"标识;二是经被告科某析公司许可在委托他人生产的产品上使用"精某科"商标。法院认为,"上海精某科"系原告企业名称的简称,并具有一定知名度,应予以保护。被告精某学公司在网站和产品宣传上使用的"上海·精某科"标识中将"上海"与"精某科"连用的使用方式与原告企业名称的简称相同,这种使用方式会造成相关公众对原告和被告精某学公司的商品来源产生混淆,被告精某学公司的行为构成不正当竞争,应立即停止该侵权行为。被告科某析公司注册涉案商标后既可自行使用,也可许可他人使用,但他人经商标权人许可使用其注册商标的行为也视为商标权人的使用行为,现被告科某析公司注册并使用涉案注册商标的行为侵犯了原告在先的企业名称权,则被告精某学公司作为涉案注册商标的使用人亦应当共同承担侵权责任。被告精某学公司与被告科某析公司共同承担本案侵权责任后,有权依据其与被告科某析公司之间的商标许可使用合同追究被告科某析公司的违约责任。

综上,两被告的行为构成对原告的不正当竞争行为,理应立即停止侵权行为,并赔偿因此给原告造成的损失。遂判决:两被告立即停止侵犯原告企业名称权的不正当竞争行为;被告精某学公司立即停止在商品和商品宣传上使用"上海·精某科"标识;被告精某学公司就其在商品和商品宣传上使用"上海·精某科"标识的不正当竞争行为赔偿原告经济损失人民币5万元;被告科某析公司、精某学公司就其侵犯原告企业名称权的不正当竞争行为赔偿原告经济损失人民币10万元;驳回原告上海精某密科学仪器有限公司的其余诉讼请求。

宣判后,两被告不服一审判决,提起上诉。上海市第一中级人民法院二审审理后认为,原审认定事实清楚,适用法律正确,判决驳回上诉,维持原判。

## 法理评析

本案的审理,系法院在司法实践中正确掌握"权利冲突"的解决原则,判断涉及注册商标权、企业名称简称的不正当竞争纠纷案件的主、客观侵权构成要件。

本案中,法院首先明晰了企业名称的"知名度"如何通过证据材料的内容还原最高人民法院司法解释所规定的几个要件要求。原告的企业名称为"上海精某密科学仪器有限公司",在行政区划与企业组织形式之外的"精密科学仪器"属于普通描述性用语,既可指代行业通称,亦可指代产品性能,缺少具有识别性的企业字号,而其自2000年以来就在生产经营活动中广泛使用"上海精某科"作为其对外标识身份的名称,并通过刊登广告、与经销商签订合同、创办《精某科报》在全国范围内发行等方式持续、固定地将"上海精某科"作为原告企业的称谓,且于2007年开始在其生产的产品和外包装上也标注"上海精某科","上海精某科"已经成为原告对外表示身份的商号,原告此种长期、固定使用"上海精某科"的行为已经将该简称与其企业名称和产品建立了具有品牌辨识度的联系,应属于受《反不正当竞争法》保护的"企业名称"。

其次,本案判决也正确地阐述了不正当竞争领域内侵权行为所应当具有的"故意"主观因素,这也是知识产权侵权领域内唯一要求主观要件的类型。法院在审理案件中,通过原告的"上海精某科"企业名称简称始用于2000年,被告科某析公司的"精某科"商标于2001年8月申请注册,注册有效期限始于2002年11月28日,晚于原告使用"上海精某科"作为其企业名称简称的时间的事实判定,以及被告在其使用方式上的突出性,认定了"搭便车"的主观故意,从而作出符合法律规定和立法精神的正确判决,在商标权与企业名称权冲突的领域内具有较高的典型性。

**理论探讨**

## 一、诚实信用与保护在先权利是基本原则

《反不正当竞争法》第二条规定了经营者在市场交易中应当遵循自愿、平等、公平、诚实信用的原则,遵守公认的商业道德。诚实信用原则几乎是所有民事权利保护的基本原则,反不正当竞争法对于企业名称和注册商标的保护皆立足于制止仿冒和造成市场混淆的不正当竞争行为,达到维护公平竞争、规范市场秩序的目的,因而诚实信用原则在判断注册商标与企业名称的冲突是否构成不正当竞争的侵权行为时亦是基

本原则和标准。

企业名称和注册商标权在市场经济活动中都具有对外标识身份、区分商品来源的作用，而二者的取得途径系通过不同的审核制度，因此企业名称之间的冲突、企业名称与注册商标之间的冲突难以避免。《商标法》第九条第一款即明确规定"申请注册的商标，应当有显著特征，便于识别，并不得与他人在先取得的合法权利相冲突"，保护在先合法权利是解决知识产权权利冲突的基本原则，在涉及企业名称权与注册商标权两种合法权利冲突的不正当竞争纠纷的案件中，则尤其应当充分考虑和谨慎适用保护在先权利的原则，以维护在先使用人在市场中通过长期经营所建立的企业形象及品牌价值，规制搭便车、傍名牌等不正当竞争行为。

## 二、企业名称简称的识别性及知名度是客观基础

企业名称是市场主体的名称和企业重要的营业标识，消费者可以通过不同的营业标识来识别商品的来源，故《反不正当竞争法》第五条第（三）项关于"经营者不得采用下列不正当手段从事市场交易，损害竞争对手：……（三）擅自使用他人的企业名称或者姓名，引人误认为是他人的商品"的规定将企业名称纳入了不正当竞争的保护范围。我国《企业名称登记管理规定》第七条规定，企业名称应当由字号、行业或者经营特点、组织形式依次组成，并冠有企业所在地的行政区域名称。在企业名称的各组成部分中，字号因具有造词中的独创性和字义上的特殊性，加之其精练简洁的特点，成为企业名称中最具识别意义的显著性部分，大多数企业也较多地运用字号进行对外宣传，经济生活中涉及企业名称的仿冒行为或者权利冲突亦通常是因为使用企业名称中的字号而引起的，故《最高人民法院关于审理不正当竞争民事案件应用法律若干问题的解释》第六条第一款即将具有一定市场知名度、为相关公众所知悉的企业名称中的字号认定为《反不正当竞争法》第五条第（三）项的"企业名称"予以保护。值得注意的是，在现实经济活动中存在企业并非以其字号作为对外宣传，或其企业名称本身存在字号缺失或不具有显著性的特点，而是将企业名称的简称作为企业身份的标识在对外经营活

动中进行突出使用，此种企业名称的简称虽并非完整规范的企业名称，亦非规范的企业字号，但若该简称能够达到与企业名称相同的具有独一指向性、高度识别性的身份宣称和区分产品来源的作用，已经构成企业商号的，也应当作为受《反不正当竞争法》保护的"企业名称"。

（一）受《反不正当竞争法》保护的企业名称简称应当经该企业长期、固定使用而具有辨识度

企业名称简称通常并非简单提取企业名称的单个组成部分，而是将企业名称进行整体综合简化后形成的再创造结果，此种再创造普遍是由于企业名称本身无具有高辨识度的字号，故消费者将该再创造成果与企业及其产品建立对应关系则需要该简称在企业经营活动中以固定方式长期使用，即企业在其对外宣传、产品生产销售等多个经营环节中长期将其企业名称的简称作为身份标识予以推广，从而使该简称在消费者中获得与企业名称相同的认知度和识别性。受《反不正当竞争法》保护的企业名称简称应具有等同于企业商号的辨识度和品牌价值性，其源于企业的长期经营投入和宣传维护，因而此种辨识度不仅在客观事实上需要企业长期、固定使用，在司法实务中判断企业名称简称是否能够作为《反不正当竞争法》所规定的"企业名称"获得保护也是必须审理查明的基础事实。

（二）受《反不正当竞争法》保护的企业名称简称应具有一定的知名度

《最高人民法院关于审理不正当竞争民事案件应用法律若干问题的解释》将具有知名度的字号纳入了保护范围，该规定的立法精神即在于字号系企业名称的组成部分之一，在并非完整、规范地使用企业名称时要在消费者中产生字号与企业及产品的唯一对应联系从而使他人的相同或相似注册商标、企业名称造成市场混淆，则必须要求字号具有一定的显著性和识别性，即该字号具有足够的知名度能够排斥其他非原告的企业和产品。对于企业名称简称，因其本身并不具有字号与企业及产品之间的简单、直接对应关系，对企业名称简称采取《反不正当竞争法》保

护，排斥他人在后的相似或相同注册商标、企业字号，则应着重审查该企业名称简称是否具有一定的知名度，能够与企业名称一样产生表示身份、指明来源、建立唯一联系的功用，并应严格把握企业名称简称的使用与被控侵权的注册商标使用的先后时间关系，只有经过长期、固定使用而具有识别度，并且在企业生产宣传的经营活动中建立了品牌知名度的企业名称简称，才能作为《反不正当竞争法》所保护的"企业名称"，排斥与其冲突的在后商标权。例如在本案中，原告的"上海精某科"经过长期使用及广泛宣传，与其相关联的企业产品与全国39家经销商建立了长期的购销合作关系，原告的《精某科报》及广告宣传也使原告的"上海精某科"在行业内有了高度的识别度和影响力，且由于精密仪器的生产者和消费者均为相关领域的专业人士，"上海精某科"作为原告的企业名称简称已经达到了在相关公众中具有一定知名度，使消费者能够建立"上海精某科"与原告的联系，故作为原告的企业名称应当受《反不正当竞争法》的保护。

## 三、具有明显"搭便车"故意使用他人企业名称简称是主观要件

与普通商标侵权案件对侵权人的主观状态并无严格要求不同，虽本质亦系侵权行为，但判断行为人是否构成不正当竞争则需审查行为人的主观状态，即在行为人出于不正当竞争的故意状态下，才宜作出不正当竞争的认定。在企业名称简称与注册商标权的合法权利相冲突的案件审理中，更需准确判断商标注册人注册和使用商标的主观目的，结合注册商标与企业名称形成的时间顺序，慎重认定是否构成不正当竞争行为。

### （一）构成不正当竞争的商标一般应注册于企业名称简称固定使用之后

由于注册商标的取得和企业名称的注册登记源自两个不同的审核制度，《反不正当竞争法》所规范的是同行业不同经营者之间的竞争行为，且商标与企业名称通常均系通过汉语造词取得，中文对同一种类产品的特征明显、保养宣传的表达方法亦相对有限，同类商品或企业各自产生

相近似甚至相同的名称实属正常，故不能因为企业名称具有一定的知名度即排斥其他与之相同或相似的注册商标权。保护在先权利是解决企业名称与商标权冲突的基本原则，受反不正当竞争法保护的企业名称在一般情况下只能排斥在后的注册商标，若商标的注册和实际使用早于企业名称简称的形成，则不应属于司法审查的不正当竞争和侵权行为的范围。

## （二）商标注册人应有明知而使用行业内已有知名度的企业名称简称的故意

不正当竞争行为的实施者应当具有明确的侵权故意，即在注册和使用他人已有的企业名称简称时带有"搭便车""傍名牌"的主观目的。判断行为实施者是否具有该种故意，可以从行业情况，原、被告各自企业在行业内的地位及关系，商标注册和使用情况等方面进行审查。通常而言，原告应系在行业内具有一定知名度，产品拥有一定市场占有率的企业，其企业名称简称被消费者熟知且具有辨识度，被告作为同行业的经营者，应当明知原告的企业名称简称具有品牌价值而将该简称作为商标予以申请注册并在同类商品上进行使用，从而造成误导商品来源的混淆市场的行为。在本案中，被告科某析公司系原告的同行业经营者，且于2001年即成为原告的经销商，有机会也有能力知晓原告的经营状况，并应明知"上海精某科"系原告对外使用的企业名称简称，在此种情况下被告却于2001年8月申请注册并获准取得"精某科"商标，主观上存在将他人已有企业名称简称注册为商标的明知状态；同时，被告科某析公司注册"精某科"商标，于2009年才开始在相关产品上使用，此时原告的"上海精某科"已经作为其企业名称简称在行业内和相关公众中取得了知名度，被告科某析公司此时在其商品上突出使用"精某科"商标，明显具有"搭便车"的故意，不仅在客观事实上造成了商品来源的混淆，也在主观上构成了侵犯原告在先企业名称的不正当竞争行为，故应当为其侵权行为承担相应的民事责任。

# 第三篇
# 银行保险法类理论热点及实务研究

银行、保险作为金融市场的主要组成部分，经过多年成长，得到了长足发展，金融创新日益深化，新型金融产品和服务层出不穷，已经成为社会主义市场经济体系的重要组成部分，融入了每个百姓家庭。金融经济是法治经济，其发展及操作的每一步都离不开法律的保障和规制。但由于相关法律法规体系不完善，对金融消费者保护目标不明确、保护范围狭窄、可操作性不强，金融消费者权益保护欠缺，专门的金融消费者保护机构与行业自律监管缺失，金融市场信息屏障林立，金融消费纠纷解决和惩处机制不健全，金融消费者专业素养有待提升，金融机构侵犯金融消费者利益事件频发，金融消费者事实上的弱势地位毋庸置疑。本篇从金融消费者、银行消费者、互联网金融及保险消费者四个方面进行讨论，通过司法案例对理论进行探讨，以期在理论及实务方面产生一定的参考价值。

# 第一章 金融消费者权益保障制度及实务研究

### 理论热点

我国金融消费者保护长期处于真空状态，对金融消费者概念缺乏明确的法律界定，法律地位尚不明确。2015年11月国务院办公厅发布了《关于加强金融消费者权益保护工作的指导意见》，虽然未给金融消费者作一个明确的界定，但针对当前我国金融消费纠纷频发现状，提出了保障金融消费者的八大权利，即财产安全权、知情权、自主选择权、公平交易权、依法求偿权、受教育权、受尊重权和信息安全权。其中金融消费者的财产安全权受到侵害的案件时有发生，且多是由于第三人的原因。下面本章将结合实务中的典型案例来分析金融消费者财产安全权的保障。

### 案例简介

**中国工商银行某支行与沈某某借记卡纠纷上诉案**

被上诉人（一审原告）沈某某认为：一、其与工行某支行之间存在储蓄合同关系，工行某支行有义务保护沈某某的存款安全，由于工行某支行的安全管理存在漏洞，未能分辨真伪借记卡的区别，导致沈某某的存款被犯罪嫌疑人用伪造的借记卡盗走，工行某支行应赔偿沈某某的损失。二、从涉案交易的取款、转账的监控录像可以清楚地看出取款人为同一人,且非沈某某本人,其中一份录像可以看出取款人所使用的卡片非沈某某所持银行卡,由此完全可以认定是由同一男子使用伪卡盗取了存款。银行卡被伪造,其亦无法识别伪卡才导致沈某某的银行卡被盗刷。即使此为无法避免的技术风险,银行也应当且有条件进行改进,而不应由储户承担损失。三、本案与公安机关调查的银行卡盗刷的刑事案件并非同一法律关系,不适用《最高人民法院关于在审理经济纠纷案件中涉及经济犯罪嫌疑若干问题的规定》。四、沈某某提供的证据以及一审法院调取的监控录像已经证明伪卡存在,工行某支行提出相反主张,应提供证据。工行某支行应当保证持卡人账户及信息安全,其主张沈某某对银行卡密码泄露存在过错,应提供证据予以证明。

工行某支行在一审中辩称:一、沈某某应妥善保管卡片和密码,由于保管不善造成的损失应当由其自行承担。二、工行某支行履行合同约定无过错,沈某某未能妥善保管卡片及密码存在过错。三、银行卡不是伪卡,工行某支行所发行的银行卡是由国家特许制卡机构制作,符合国家有关标准。银行系统只能识别银行卡磁条信息是否符合,无法识别银行卡真伪。伪卡出现是由于当前技术所限,也是持卡人所了解并接受的风险。持卡人应当妥善保管银行卡,不应片面要求银行承担安全保障义务。四、关于本案是否涉及伪卡以及沈某某的银行卡密码及信息是怎样泄漏的尚未查清,可能涉嫌经济法犯罪,民事案件应以刑事案件为依据。五、一审法院在举证责任认定方面存在过错。1. 在现有证据不能证明伪卡存在的情况下,应当由沈某某进行证据补强,证明伪卡存在,而不应当由工行某支行证明取款人使用银行卡为真卡。2. 涉诉交易需要正确密码才能够完成,沈某某作为密码唯一持有者对于密码的泄漏必然存在过错,该过错不应由工行某支行承担举证责任。

2009年8月25日,沈某某在工商银行北京回龙观某支行申请办理牡丹灵通卡一张,卡号为×××。2012年9月15日,由于该卡丢失,沈某某在工商银行北京回龙观某支行办理了挂失换卡,新卡号为×××,截至2013年7月27日,该账户内余额为89531.64元。2013年7月30日、31日,该卡号在深圳通过ATM转账方式转款5万元,通过多次取现的方式取现39300元,手续费花费227.5元。沈某某主张上述款项系被他人盗取并提供通信记录、证人证言证明其于事发日期并未离开北京，并主张借记卡一直由其本人携带，其于2013年8月6日发现存款被盗取当日即告知银行、办理挂失手续并向北京市公安局某分局报案，目前该刑事案件尚未侦破。一审庭审中，该院根据沈某某的申请，调取了涉案卡号在深圳被取款、转账的监控录像，录像显示取款人为一戴口罩男子，非沈某某本人，其中一份录像显示该男子取款所用卡片从表面看并非沈某某所持借记卡。

## 审理结果

一审法院认为：第一，银行对储户存款具有安全保障义务。沈某某在工行某支行办理借记卡，双方之间形成储蓄存款合同关系，该合同关系系双方当事人真实意思表示，未违反法律法规的强制性规定，应予认定合法有效，双方当事人应依约定履行各自的权利义务；《中华人民共和国商业银行法》第四条规定"商业银行以安全性、流动性、效益性为经营原则"，第六条规定"商业银行应当保障存款人的合法权益不受任何单位和个人的侵犯"，由此可以看出，保护储户存款安全既是银行的法定义务也是合同义务，工行某支行作为借记卡的发卡行及相关技术、设备和操作平台的提供者，应当提供完善的技术设备，包括难以复制的银行卡和能够识别复制卡的交易终端，掌握银行卡的制作技术与加密保护技术，具备识别其真伪的技术和硬件设施，应当确保储户借记卡内的数据信息不被非法窃取并加以使用，确保借记卡内资金的安全。第二，储户借记卡被伪造并被盗刷的情况下银行是否需承担赔偿责任。首先，在请求权竞合的情况下，沈某某有权选择依双方之间的储蓄合同起诉工行某支行。根据监控录像，取款人非沈某某本人，取款人所用卡片从外观看亦非沈某某所持有的借记卡，工行某支行主张取款用卡片不排除系真实借记卡，但未提交证据予以证明，在此基础上，沈某某可以待刑事案件侦破后要求相关责任人承担责任，亦可依其与工商银行之间的储蓄合同要求工行某支行承担违约责任。本案中，虽然工行某支行牡丹灵通卡章程记载"凡使用密码的交易，发卡银行均视为持卡人本人所为"，但该规则适用的前提应当是当事人持真实的借记卡进行消费，伪卡交易不应适用该约定。关于密码是否泄漏问题，工行某支行主张沈某某对于泄漏密码存在过错，对此，该院认为，在犯罪嫌疑人如何获得交易密码进行交易的具体情节并未查明的情况下，工行某支行对沈某某在借记卡被伪造、盗刷的过程中是否存在过错应承担举证责任，而工行某支行提供的证据难以证明是由于沈某某的过错而导致借记卡内数据信息被窃取使用，因此，工行某支行应对沈某某的损失承担赔偿责任。其次，银行作为金融机构应当保护储户作为金融消费者的合法权益，面对社会上出现的利用伪卡恶意支取储户存款的现象，应及时修补技术漏洞，进行相关技术的升级改造，从伪卡盗刷所产生的影响、风险的控制和预防角度考虑，让银行先行向储户承担违约责任有利于整个银行卡业务的良性健康发展。

二审法院认为：沈某某在工行某支行办理借记卡，双方之间成立储蓄存款合同关系，该合同系双方当事人真实意思表示，其内容未违反法律、行政法规的强制性规定，合法有效。工行某支行作为发卡的商业银行，不仅应当保证存款本金和利息的支付，还应当保障存款人的合法权益不受任何单位和个人的侵犯。仅当交易人能够提供真实银行卡以及正确的交易密码的情况下，才可视为本人交易，银行才可支付款项。工行某支行上诉主张本案无法确定伪卡存在的事实，二审法院认为，本案涉案款项的取款监控录像显示取款人为同一人，且非沈某某本人，取款监控录像清楚显示取款人所持银行卡与沈某某所持银行卡表面不相符，一审法院据此认定本案使用伪卡交易以及沈某某银行卡系被盗刷的事实并无不当。工行某支行主张银行卡被伪造以及其无法识别银行卡真伪系因当前技术所限，此为持卡人知晓且接受的风险，因此其已经履行安全保障义务。对此，二审法院认为，工行某支行作为银行卡的发行人，有义务保障其所发行银行卡的安全性，进而保证持卡人账户的安全，即使银行卡被伪造系无法避免的技术风险，该风险也应当由提供银行卡服务的发卡人承担，而非由持卡人承担。故本院对于工行某支行该项上诉意见亦不予支持。对于"凡使用密码的交易，银行均视为客户本人所为"的条款，本院认为该条款是工行某支行针对其向储户沈某某发行的特定银行卡所作出的约定，该约定的目的在于提示持卡人妥善保管密码，而非针对伪卡交易的免责条款，故一审法院认定该条款适用前提为真实的银行卡交易并无不当。关于工行某支行主张本案涉及刑事犯罪，应移送公安机关的上诉意见,本院认为,因本案争议焦点系工行某支行对沈某某款项被盗取的后果是否应承担合同责任,与公安机关就款项被盗取事实进行查证,并追究犯罪嫌疑人的刑事责任并不属于同一法律关系,该刑事案件的处理结果不影响本案的审理,故本院对于工行某支行的该项上诉意见不予支持。关于举证责任分配,因本案现有证据已经证明取款人非沈某某,且取款人使用的银行卡表面与沈某某所持银行卡并不相符,可以说明本案系伪卡交易的事实,工行某支行主张本案存在使用真实银行卡进行交易的可能,应当提供证据予以证明,故一审法院对举证责任的分配并无不当。另外,因目前并无证据证明沈某某故意或者过失泄露交易密码,工行某支行亦无法提供证据对此加以证明,故工行某支行关于沈某某对于交易密码泄露必然存在过错的上诉意见本院不予支持。

## 法理评析

本案的争议焦点系关于银行安全保障义务的确定问题。通过梳理我们发现,关于安全保障义务的法律规定在《合同法》和《侵权责任法》中均有规定。在《侵权责任法》颁布之前,《最高人民法院关于审理人身损害赔偿案件适用法律若干问题的解释》第六条规定,"从事住宿、餐饮、娱乐等经营活动或者其他社会活动的自然人、法人、其他组织,未尽合理限度范围内的安全保障义务致使他人遭受人身损害,赔偿权利人请求其承担相应赔偿责任的,人民法院应予支持。因第三人侵权导致损害结果发生的,由实施侵权行为的第三人承担赔偿责任。安全保障义务人有过错的,应当在其能够防止或者制止损害的范围内承担相应的补充赔偿责任。安全保障义务人承担责任后,可以向第三人追偿。赔偿权利人起诉安全保障义务人的,应当将第三人作为共同被告,但第三人不能确定的除外",但此规定仅仅是针对人身损害赔偿而言的,如果客户受到的仅仅是财产损害,难以以此为依据提起诉讼。2009年《侵权责任法》第三十七条专门对安全保障义务作了规定,"宾馆、商场、银行、车站、娱乐场所等公共场所的管理人或者群众性活动的组织者,未尽到安全保障义务,造成他人损害的,应当承担侵权责任。因第三人的行为造成他人损害的,由第三人承担侵权责任;管理人或者组织者未尽到安全保障义务的,承担相应的补充责任"。该条规定也可以作为银行安全保障义务的法律规定。

除此之外,我国《合同法》也对安全保障义务进行了规定。《合同法》第六十条规定:"当事人应当按照约定全面履行自己的义务。""当事人应当遵循诚实信用原则,根据合同的性质、目的和交易习惯履行通知、协助、保密等义务。"该条第二款规定了合同附随义务。

可见安全保障义务既有合同关系中的合同附随义务,亦有侵权关系中的安全保障义务。多数案件中都存在违约责任与侵权责任的竞合。依据《合同法》第一百二十二条之规定,因当事人一方的违约行为,侵害对方人身、财产权益的,受损害方有权选择依照本法要求其承担违约责任或依照其他法律要求其承担侵权责任。因此,在违约责任与侵权责任存在竞合时,原告具有选择权。但无论是《合同法》中的安全保障义务还是《侵权责任法》中的安全保障义务,法律都没有对该义务内容作统一、精确的界定。由于社会关系的多样性、复杂性和多变性,为保障法律的稳定性、普适性,法律不能也不应该对安全保障义务作数学公式般的精确规定,而应由法官遵循一定的法律原则通过行使自由裁量权结合个案具体情况确定。

除了民法领域,经济法领域对安全保障义务也有所规定,《消费者权益保护法》第七条:"消费者在购买、使用商品和接受服务时享有人身、财产安全不受损害的权利。消费者有权要求经营者提供的商品和服务,符合保障人身、财产安全的要求。"第十八条:"经营者应当保证其提供的商品或者服务符合保障人身、财产安全的要求。对可能危及人身、财产安全的商品和服务,应当向消费者作出真实的说明和明确的警示,并说明和标明正确使用商品或者接受服务的方法以及防止危害发生的方法。宾馆、商场、餐馆、银行、机场、车站、港口、影剧院等经营场所的经营者,应当对消费者尽到安全保障义务。"但该规定的消费者是否包括银行消费者,存在争议。

《中华人民共和国商业银行法》第四条规定"商业银行以安全性、流动性、效益性为经营原则",第六条规定"商业银行应当保障存款人的合法权益不受任何单位和个人的侵犯",该条规定实际上是关于商业银行对客户安全保障义务的规定,但这些关于经营者(商业银行)对消费者（客户）安全保障义务的规定，主要是针对经营者（商业银行）自身而言的，对于因第三人侵害行为造成消费者（客户）权益损害的，消费者（经营者）无法以这些规定为请求权基础，要求经营者（商业银行）承担责任。

本案中，银行对客户负有安全保障的义务。当出现第三人作为直接原因侵害了银行消费者的权益时，银行应当保护银行消费者的权益，民法的选择和《合同法》的选择有所不同，此案中根据规定应当保护银行消费者。

**理论探讨**

## 一、银行消费者安全保障权的客观必要

《中国银行卡产业发展蓝皮书（2016）》显示，2015年，我国银行卡累计发卡量达56.1亿张，较上年增长12.9%；累计活卡量为36.9亿张，比上年增长9.8%；人均持卡量为4.09张；交易金额为1420.8万亿元，比上年增长86.9%；交易笔数达852.3亿笔，比上年增长43.1%。[1] 从银行卡欺诈损失类型分布来看，2015年信用卡欺诈损失排名前三的欺诈类型为伪卡、虚假身份和互联网欺诈。2015年最主要的借记卡欺诈类型为电信诈骗。互联网欺诈损失金额排名上升至第二位，伪卡欺诈居第三位。[2] 犯罪分子利用手机短信、互联网、自助银行、ATM机等多种工具和手段对银行个人客户的银行卡内资金实施诈骗的案件呈递增趋势，严重侵害了银行客户的财产安全和合法权益。因此，加强金融消费者的安全保障权势在必行。

---

[1] 中国银行业协会银行卡专业委员会：《〈中国银行卡产业发展蓝皮书（2016）〉发布，我国银行卡保持中高速发展 移动无卡支付创新步伐加快》，载于《中国银行业》，2016年8月31日，第104页。

[2] 中国银行业协会银行卡专业委员会：《〈中国银行卡产业发展蓝皮书（2016）〉发布，我国银行卡保持中高速发展 移动无卡支付创新步伐加快》，载于《中国银行业》，2016年8月31日，第105页。

## 二、金融消费者安全保障权的理论基础

### （一）金融消费安全保障权的法律性质

首先，经营者所从事的是一种营利性的活动，能够从中获得收益，尽管有的客户并不一定接受服务支付费用，而只是咨询甚至路过，但是作为整体的客户群无疑会使经营者获利。因此，根据收益与风险相一致的原则，经营者应当对营业场所的安全承担保障义务。其次，银行作为资金的集散之地，有可能会发生针对金钱的犯罪，这显然是可预见的，而且经营者了解服务设施、设备的性能以及相应的管理法律、法规的要求，了解营业场所的实际情况，更应该采取必要的措施防止损害的发生或减轻损害。

1. 合同义务说

（1）合同附随义务。法律没有明确规定此义务，合同双方当事人在合同中也没有进行约定，但为了保护对方合法权益而应履行合同附随义务。广义说认为除主合同之外的义务均为附随义务，根据义务是否独立可分为独立和非独立附随义务。狭义说认为合同附随义务仅限于非独立的附随义务，独立的附随义务应当是从合同的义务。通说多采用狭义说。如果合同一方未履行安全义务导致当事人或他人人身和财产受到侵害的，基于诚信原则，应承担安全责任。

（2）对第三人具有保护性效力的合同义务。此制度最先经德国判例和学说进行确立。合同一般约束签订合同的当事人，但如果第三人和一方当事人存在身份方面等特殊关系时，且履行合同对之有利害关系，合同保护的范围应扩大到第三人。

2. 注意义务说

该学说与英美法的注意义务是一致的，也可称为谨慎义务，指行为人通过履行合理的注意从而减少或者避免他人受损害的可能性的义务，如果违反此义务承担的是一种过失责任。[①] 注意义务是认定过失侵权行

---

① 王泽鉴：《侵权行为法》（第一册），北京：中国政法大学出版社，2001年版，第94~95页。

为的关键。过失侵权包含三层意思：第一，心理处于过失状态；第二，过失行为；第三，没有履行注意义务的侵权形态。注意义务的适用范围不断扩大。

3. 法定义务说

将安全保障作为法定义务与侵权行为、损害后果、因果关系一并作为侵权责任认定要件。在德国法中，被认定为法定义务的就有社会活动安全注意义务，它以侵权行为法防范危险的原理为基础进而在判例中产生，且最先出现在维护交通安全方面，后来向其他社会交往活动扩张，强调的观点是在社会活动中应负有避免危险发生的义务。[①] 此危险主要有：第一，行为人自己的行为产生了危险；第二，开启或者维持某种交通或交往；第三，从事某营业或者职业负有的预防危险。

（二）安全保障义务具有法定性

民法上往往把义务划分为法定义务和约定义务两种，虽然一般来讲合同义务为约定义务，但是也并不绝对。安全保障义务从比较法的角度来看经常体现为一种《合同法》上的义务，但其并非由当事人双方约定，而是由法律明确规定或法官在审判当中根据诚实信用原则对合同义务进行扩张性解释而生的。在适用上，如果约定的保护水平高于安全保障义务的应有水平，那么就应该适用合同的约定；如果低于安全保障义务的应有水平则还是适用安全保障义务的规定。有的时候也许双方当事人会对保护和关照彼此的人身和财产作出一些约定，但是基于这样一种约定而产生的义务不是安全保障义务，这只能是普通合同义务。

## 三、银行消费者安全保障权的概念及主要内容

（一）银行消费者安全保障权的概念

银行对客户的安全保障义务定义为：如果银行可以在合理的范围内

---

① ［德］冯·巴尔：《欧洲比较侵权行为法（下卷）》，焦美华译，张新宝审校，北京：法律出版社，2004年版，第403~405页。

预见其客户的人身或者财产正在或者将要遭受自己或者他人实施的侵权行为或者犯罪行为的侵害,那么银行就要承担合理的注意义务和采取合理的措施来预防这种侵权行为或者犯罪行为的发生,从而使他人免受人身或财产的损害。总的来说,这一定义包括两层含义:一是银行要承担合理的注意义务和采取合理的措施预防此种侵权行为或犯罪行为的发生。二是银行违反此种义务也要承担相应的损害赔偿责任。

我们可以将"金融消费者安全保障权"理解为:在金融市场上,消费者购买、使用金融商品或接受金融服务所享有的人身和资金安全不受损害的权利,其中的安全主要是指财产安全,即涉及金融商品和金融服务的具体的资金安全得到保障、消费风险控制在合理范围内及与之相关的个人财产隐私得到保护等内容。

(二) 银行安全保障义务的法律理由

银行对银行消费者负有安全保障义务,理由如下:第一,保障客户利益实际上是保护银行的自身利益。客户利益受损时,如果银行不采取措施,客户对银行产生不信任,在与银行产生业务时会选择性地进行,这样双方的交易成本要增加不说,同时也损害了银行自身的利益。第二,银行拥有保障客户利益的法律资源。银行作为金融交易的场所,聚集着大量的货币,犯罪行为容易发生,银行应该有足够的预见能力。第三,确立银行对消费者的安全保障义务与现代保护弱者利益的法律理念相符。银行属于垄断行业,其经济实力、社会地位、话语权与消费者相比都占优势,而银行消费者明显处于弱势地位,从经济法保护弱者的理念出发,银行应对消费者进行安全保障。第四,确立银行对客户的安全保障义务,与利、责一致原则相符。银行作为金融产品的生产者,是获得利益的主体,其因获得利益就有责任保障利益带来的责任。第五,确立银行的安全保障义务,符合成本最小收益最大的经济学理论。

(三) 银行安全保障义务的法律性质

银行经营者的安全保障义务首先是法定义务为原则,约定义务为例外,例外情况包括:第一,在法律没有规定的情形下,当事人以合同形式进行约定；第二，当事人之间约定的安全保障义务高于法律规定的要求；第三，经营者单方承诺的安全保障义务高于法律规定的要求，消费者以默示方式接受这种承诺。其次是基础性义务为原则，附随性义务为例外。另外，虽然合同义务主要是由当事人协商而定的，但是法律为了维护公共秩序和交易安全，也为当事人设定了一些必须履行的义务。尤其应该看到，自20世纪特别是第二次世界大战以来，大陆法系的判例和学说依据诚实信用原则提出附随义务的概念，附随义务在内容上主要包括保护义务、注意义务、告知义务、照顾义务、忠实义务与返还义务等。[1] 以积极作为义务为原则，消极不作为义务为例外。一般来说，银行应采取积极行为进行安全保障，法律另有规定时银行才有不作为的义务。

### （四）银行安全保障义务的具体内容

1. 硬件内容和软件内容

对于经营者对消费者的安全保障义务的具体内容，张新宝教授认为应从硬件和软件两个方面考虑。硬件方面的安全保障义务包括：（1）经营场所所使用的建筑和与服务相关的设施、设备达到有关的安全标准；（2）在相关岗位配备合格工作人员等方面的安全保障义务。软件方面的安全保障义务包括：（1）消除内部的不安全因素，为消费者创造一个安全的消费环境；（2）外部不安全因素的防范，制止来自第三方对消费者的侵害；（3）不安全因素的提示、说明、劝告、协助义务。[2]

2. 人身安全和财产安全

根据金融消费者遭受损害的内容可将安全问题分为人身安全问题、财产安全问题、信息安全问题、混合安全问题等。

第一，有关金融消费者的人身安全不受损害的权利。金融消费者在购买、使用金融商品或接受金融服务时，享有的最基本的安全保障权利便是其人身安全得到良好的保护。随着经济的发展，社会环境也变得日

---

[1] 参见王泽鉴：《民法学说与判例研究》第4册，北京：中国政法大学出版社，1998年版，第95页。

[2] 张新宝、唐青林：《经营者对服务场所的安全保障义务》，载于《法学研究》，2003年第3期。

益复杂,在金融消费的过程中消费者的人身安全受到威胁的情况也逐渐增加,作为金融商品和服务提供者的一方应承担对金融消费者的人身安全进行保护的义务。其理论依据在于权利—义务的对等性,除此之外,从实践角度来看,为了保证金融消费顺利、有效地进行,从而使金融消费的经营者能够更好地盈利,也应该保障金融消费者的人身安全免受损害。

例如消费者接受金融服务时,遭到歹徒袭击,导致身体受伤;在银行等金融营业场所存取款、咨询时,由于地面光滑而滑倒;乘坐电梯时,因故障被困于电梯内而窒息等人身方面的损害,都属于人身安全问题。

第二,关于财产安全、信息安全、混合安全问题。因消费者的账户密码被盗引起的存款丢失,银行卡被盗用以及在金融营业场所交易时,随身携带物品的遗失等相对于人身方面的安全问题,则属于财产安全问题;消费者在接受金融服务时,填写了大量个人信息,如果这类信息中的密码、身份证号码、账号等被不法分子知晓后,用于冒领存款、伪造信用卡等活动,属于信息安全问题;如果消费者在银行等金融营业场所存取款、接受金融服务时,遭到歹徒袭击,不仅被歹徒抢去财物,还导致身体受伤,则属于混合安全问题。

第三,有关金融消费者交易中的隐私权,尤其是对其金融信息隐私权方面的保护。金融消费领域的隐私权主要是指个人的金融信息在交易中得到良好的保护,不被他人恶意收集、使用和公开的一项权益。它是对金融消费者的资产安全进行保护的最基础的层面,金融机构对于在交易中掌握的信息负有不可推卸的防止其泄露的义务。金融消费者的个人信息、资信状况、交易状况在未经本人许可的情形下,无论是在交易双方的合同履行期内还是交易结束后,金融机构都无权披露。

第四,有关金融消费者知情权的保护。作为金融消费者权利保护体系中的一个重要方面,金融消费者的知情权必然与金融消费者的安全保障权有着密切的联系,进一步来讲应该是后者的重要内容之一。金融机构与金融消费者之间的信息不对称是使金融消费者资金安全遭到破坏的重要原因,解决问题的重要途径在于对知情权的强调,让交易中的消费者一方了解自己所购买的金融商品和服务所可能承担的风险,尽可能地减少资产可能面临的隐患。

（五）银行安全保障义务的类型

1. 侵权责任

经营者对服务场所承担安全保障义务，该义务是法定义务为原则，约定义务为例外。包括三类：第一类是物上侵权或者产品责任，由于经营者硬件不符合安全规范导致消费者人身、财产受到损害；第二类是银行不作为导致银行消费者受到损害；第三类是第三人侵害而银行未尽到制止义务导致银行消费者受到损害。2016 年 11 月 20 日，笔者在中国裁判文书网以银行为当事人，以侵权为法律依据进行搜索，共搜索出 1109 个案件，从 2014 年至 2016 年分别有 315、269、286 个案件。[1]

2. 缔约过失责任与违约责任

进入缔约阶段后，经营者应当尽到交易上的必要注意，以维护消费者的人身和财产利益。在缔约过程中，如果没有尽到保护照顾等附随义务，因经营者一方过失导致消费者生命健康、财产安全受到侵害的，属于未尽保护、照顾义务，经营者依法所要承担的就是缔约过失责任。

某些情况下消费者和经营者可能就安全方面作一些特别的高于法律法规的标准的约定，或者经营者有这方面的特别承诺。这些约定和承诺在合同成立后就成为合同的一部分，经营者必须履行这些合同所规定的安全保障义务。另外，合同义务虽然主要是由当事人协商而定的，但是法律为了维护公共秩序和交易安全，可以规定法定的合同义务。

---

[1] 中国裁判文书网，http://wenshu.court.gov.cn/list/list/? sorttype = 1&conditions = searchWord＋%E9%93%B6%E8%A1%8C＋DSR＋＋%E5%BD%93%E4%BA%8B%E4%BA%BA：%E9%93%B6%E8%A1%8C&conditions＝searchWord＋%E4%BE%B5%E6%9D%83＋FLYJ＋＋%E6%B3%95%E5%BE%8B%E4%BE%9D%E6%8D%AE：%E4%BE%B5%E6%9D%83，访问时间：2016 年 11 月 20 日。

# 第二章 互联网金融法律制度及实务研究

**理论热点**

互联网金融这个名称已经被越来越多的人熟知，但什么是互联网金融，现行法律并没有作出明确的规定。原央行行长吴晓灵曾对互联网金融有过这样的定义：互联网金融是利用互联网技术和移动通信技术为客户提供服务的新型金融业务模式，既包括传统金融机构通过互联网开展的金融业务，也包括互联网企业利用技术开展的跨界金融业务。也就是说，互联网金融就是一场传统的金融机构与互联网企业分别利用互联网进行的金融活动，在互联网金融中不仅促使传统的金融行业不断地变更自身的服务模式和经营模式，改变经营理念，使金融更加便民利民，惠普式的小微经济也得到了极大的发展。

**案例简介**

### 诺某多餐饮管理公司与某度网络科技有限公司居间合同纠纷

原告某度公司是运营"人人投"的股权众筹平台，被告诺某多公司委托某度公司在人人投平台融资，与其签订《委托融资服务协议》。融资期内，某度公司成功为诺某多公司融资70.4万元，共86位投资人认购投资。为履行融资合同，被告诺某多公司选定位于北京市东城区的一处房屋作为经营用房。但在融资过程中，某度公司以发现对方存在信息披露不实等情况为由解除了合同，认为该房屋性质、店铺租金均与实际情况不符，可能涉及违建，从而在诺某多公司拒绝提供房屋真实产权信息的情况下，将其诉至法院，请求解除与诺某多公司的协议，同时要求诺某多公司支付融资费、违约金、经济损失共计10.7万余元。被告诺某多公司提出反诉，称其事后才知悉《中华人民共和国合伙企业法》规定，有限合伙人数不得超过50人，但本案已有87位合伙人，且某度公司公开融资并未取得中国人民银行的批准，所以某度公司的融资行为违法。同时，诺某多公司已经依约完成充值、项目选址等工作，其称某度公司在没有明确证据的情况下拒绝拨付融资款的行为构成违约。因此，诺某多公司反诉请求判决某度公司返还17.6万元和相应利息，并赔偿经济损失5万元。

## 审理结果

一审法院认为，上述案件中的投资人均为经过"人人投"众筹平台实名认证的会员，人数未超过上限200人，不属于"公开发行证券"，未违反《证券法》第十条的规定。同时，某度公司在取得营业执照、电信与信息服务业务经营许可证等手续的情况下开展业务，目前也无法律法规上的障碍，最终认定本案融资协议有效。此外，某度公司以诺某多公司提供房屋确系楼房而非平房，可能存在违建等隐患为由解除合同并无问题。判决被告诺某多公司给付某度公司委托融资费用2.52万元、违约金1.5万元，某度公司返还诺某多公司出资款16.72万元，并驳回双方当事人其他诉讼请求和反诉请求。

北京市一中院驳回了诺某多公司的上诉，维持原判。二审审理认为，双方此前签订的《委托融资服务协议》为双方当事人真实意思表示，内容并未违反国家法律、行政法规的禁止性规定，合法有效。

关于违约责任问题，诺某多公司提供的《房屋租赁合同》显示其所租房屋系平房，而现有证据能够确认该房为楼房，故该房可能存在违建等隐患。即使该房是合法建筑，但房屋所有权人是否允许案外人进行转租等问题，直接关系到众多投资人的核心利益，并有可能加大投资人的风险。

某度公司及投资人要求诺某多公司进一步提供房屋产权证及转租文件等属于维护自身的正当权益。同时，某度公司对诺某多公司融资信息的真实性负有审查义务，以此降低投资人的风险。在诺某多公司提供的相关证件仍难以完全排除可能存在的交易风险的情况下，某度公司认为诺某多公司存在信息披露不实具有相应的事实依据。

因此，导致双方融资协议解除的主要责任在于诺某多公司。同时，由于双方合同未履行完毕即予以解除，一审法院结合某度公司已完成合同义务的情况，认为其对融资费数额进行酌减并无不当。[①]

## 法理评析

本案例的焦点集中在债权众筹平台的组织形式合法性问题，居间合同居间人的权利有哪些。

## 一、众筹平台组织形式合法性问题

该案例比较典型地反映了众筹平台组织形式，众筹的投资人数在50人以上200人以下时是否适用法律规定。

我国《证券法》并没有对"证券"给出明确的界定，有限责任公司的出资额和股份有限公司的股份是不是属于广义的证券，在理论界仍然存在不少争议，但通过美微传媒被证监会叫停这一事件[②]，表明主管部门在态度上承认出资额也属于证券。如果重新参照《证券法》第十条，有三个方面必须重视：一是如果公开发行的话必须符合法律、行政法规规定的条件；二是关于公开发行的界定，哪种情况是面向特定的发行对象，哪种情况是面向不特定的发行对象，都应该明确；三是股东数量是如何计算的，隐名股东或间接股东是否计算在内。

---

[①] 参见《全国首例众筹融资案终审落槌》，载于《人民法院报》，2015年12月24日。
[②] 2013年年初，北京美微文化传播公司在网上以销售会员卡赠股权的方式转让其原始股，但随后被证监会叫停，证监会对外通报，该公司此举属于"新型非法证券活动"，其通过此举所获得的转让款须悉数退还，至此国内首例互联网股权转让案例以触及监管红线而告一段落。

股权募集过程中还涉嫌擅自发行股票、公司、企业债券的法律风险问题。《证券法》第十条规定:"公开发行证券,必须符合法律、行政法规规定的条件,并依法报经国务院证券监督管理机构或者国务院授权的部门核准;未经依法核准,任何单位和个人不得公开发行证券。有下列情形之一的,为公开发行:(一)向不特定对象发行证券的;(二)向特定对象发行证券累计超过二百人的;(三)法律、行政法规规定的其他发行行为。非公开发行证券,不得采用广告、公开劝诱和变相公开方式。"另外,根据《中华人民共和国刑法》第一百七十九条的规定:"未经国家有关主管部门批准,擅自发行股票或者公司、企业债券,数额巨大、后果严重或者有其他严重情节的,处五年以下有期徒刑或者拘役,并处或者单处非法募集资金金额百分之一以上百分之五以下罚金。单位犯前款罪的,对单位判处罚金,并对其直接负责的主管人员和其他直接责任人员,处五年以下有期徒刑或者拘役。"《最高人民法院关于审理非法集资刑事案件具体应用法律若干问题的解释》第六条规定:"未经国家有关主管部门批准,向社会不特定对象发行、以转让股权等方式变相发行股票或者公司、企业债券,或者向特定对象发行、变相发行股票或者公司、企业债券累计超过200人的,应当认定为刑法第一百七十九条规定的'擅自发行股票、公司、企业债券'。构成犯罪的,以擅自发行股票、公司、企业债券罪定罪处罚。"

## 二、居间人的审查义务

《网络借贷信息中介机构业务活动管理暂行办法》第九条第2项明确了网络平台"对出借人与借款人的资格条件、信息的真实性、融资项目的真实性、合法性进行必要审核"。网络平台作为居间人,对主合同关系的真实性、合法性进行审查是必须的义务。如果居间人不进行有效的审查,主合同就难以达成,即使合同达成也会因前期合同调查阶段的真实性存在疑问而导致难以履行,或者产生其他方面的不必要的损失,所以,网络平台的审查义务非常重要,可以说是基础义务。只有保障信息的真实性、合法性,才能保障合同达成及履行的有效性。本案某度公司就是在履行居间人的审查义务,其审查行为完全符合法律和法理的要求,也能保障投资人的权利,是对投资人负责的表现。

《合同法》第四百二十五条规定:"居间人应当就有关订立合同的事项向委托人如实报告。居间人故意隐瞒与订立合同有关的重要事实或者提供虚假情况,损害委托人利益的,不得要求支付报酬并应当承担损害赔偿责任。"网络平台作为居间人应如实向借款人和融资人报告主合同的重要事项,具有信息披露的义务。而此办法第三十条[1]和第三十一条[2]更明确了网络平台信息披露的必然义务,其中第三十条明确了网络平台向出借人披露信息的义务,不仅包括借款人的基本信息,还包括融资项目、风险评估以及融资具体过程的相关信息,规定明确了"包括但不限于"以上的披露信息,说明规定中明确的披露信息是最低限的信息。本案网络平台某度公司这样操作完全符合居间人的地位和作用,可以说尽到了信息披露的责任。

### 理论探讨

关于借贷利息合理范围的法律规定及风险防范。

在当今商品社会,市场活动就是交易活动,经济的发展让老百姓的

---

[1] 第三十条[融资信息披露及风险揭示]网络借贷信息中介机构应当在其官方网站上向出借人充分披露以下信息:(一)借款人基本信息,包括但不限于年收入、主要财产、主要债务、信用报告;(二)融资项目基本信息,包括但不限于项目名称、类型、主要内容、地理位置、审批文件、还款来源、借款用途、借款金额、借款期限、还款方式及利率、信用评级或者信用评分、担保情况;(三)风险评估及可能产生的风险结果;(四)已撮合未到期融资项目有关信息,包括但不限于融资资金运用情况、借款人经营状况及财务状况、借款人还款能力变化情况等。

[2] 第三十一条[机构经营管理信息披露]网络借贷信息中介机构应当实时在其官方网站显著位置披露本机构所撮合借贷项目交易金额、交易笔数、借贷余额、最大单户借款余额占比、最大10户借款余额占比、借款逾期金额、代偿金额、借贷逾期率、借贷坏账率、出借人数量、借款人数量、客户投诉情况等经营管理信息。网络借贷信息中介机构应当在其官方网站上建立业务活动经营管理信息披露专栏,定期以公告形式向公众披露年度报告、法律法规、网络借贷有关监管规定及工商登记注册地省级网络借贷行业自律组织要求披露的其他信息,内容包括但不限于机构治理结构、董事、监事、高级管理人员及管理团队情况、经会计师事务所审计的财务会计报告、风险管理状况、实收资本及运用情况、业务经营情况、与资金存管机构及增信机构合作情况等。网络借贷信息中介机构应当聘请会计师事务所定期对本机构出借人与借款人资金存管、信息披露情况、信息科技基础设施安全、经营合规性等重点环节实施审计,并且应当聘请有资质的信息安全测评认证机构定期对信息安全实施测评认证,向出借人与借款人、工商登记注册地省级网络借贷行业自律组织等披露审计和测评认证结果。网络借贷信息中介机构应当将定期信息披露公告文稿和相关备查文件报送工商登记注册地方金融监管部门,并置备于机构住所供社会公众查阅。

钱袋鼓了，百姓的经济头脑正在变强，将自己口袋的钱拿出来借给别人并收取一定利息的现象也越来越普遍。如果有人自愿以每天高额的利息付给你，并写下合同，借款到期后是不是可以以合同的白纸黑字向借款人主张高额利息呢？可能有人会说，这是合同中当事人自愿约定的，当然约束双方当事人，借款人承诺了就得兑现，就得按照合同约定的来。但事实并非如此，如果法律允许高额借贷，就会存在利息远远高于本金的现象，本来只是一万元的借贷，就会变成几万元甚至更高的利润，这样滚雪球般的速度让借款人无法承受，甚至永远生活在还债的恐惧当中，会将一个人逼入绝境。如果法律允许，有钱放贷，借利息过生活成为这种人的生活主业，而背负利息的人很可能会因为一次借贷行为就陷入为出借人终身打工的困境，这样将会使得社会贫富分化现象越来越严重，甚至引起社会动荡。如果存在这样的法律的话，可以说是国家之不幸、生民之不幸。

所以，法律给高额的利息设定了一定的范围，在合理范围内的利息是法律允许的，而高额的利息法律不允许。因此，如同上面所讲的，就算有合同存在，合同中约定了高额利息，但是超过了法律允许的范围，基本上就可以认定为非法高额利息，是不被法律承认的。

我国法律对利息的范围作了明确规定。《合同法》第二百一十一条规定："自然人之间的借款合同约定支付利息的，借款的利率不得违反国家有关限制借款利率的规定。"民间借贷如果没有约定利息，出借人向借款人主张利息，法院将不支持，除非当事人之间明确约定了利息，在这种情况下法院才支持。并且利息约定也是有范围的，如果高于国家的规定标准，高出的部分法院则不予支持。在新规定出台之前，法律规定的标准是不高于同期银行利息的四倍。

自2015年9月1日实行的《最高人民法院关于审理民间借贷案件适用法律若干问题的规定》，对借贷之间的利息标准又作了进一步的调整,第二十六条、第二十八条规定①明确了"两线三区",对民间借贷利率画出了两条"高压线",即24%和36%两个固定量化利率标准,并将利率区间明确为三个区域,即司法保护区、自然债务区和无效区。年利率24%以下的投资人权利受法律保护,是司法保护区,当事人约定的低于20%的年利率,法律予以支持和认可;在24%与36%之间的年利率,借贷双方自愿规定,这一段属于自然债务区;年利率超过36%的部分是无效区,借款人有权要求出借方返还高于36%的部分。24%是更明确的标准,而不是按照以前所谓银行基准利率的四倍进行换算,这个条款显得更具刚性。

第二十八条还规定到期后可以重新出具新借据,并可以将利息纳入本金,但纳入本金的利息应处于24%的范围之内,如果在24%至36%范围内的部分则不能计入本金,只能以24%的利息计算,超出的部分只能算作利息,而不能算作本金,可以说这些规定是将24%作为一种衡量尺度进行规范的。

第二十九条规定了逾期利息②,借款期间没有约定利息的,依据之前的法律规定,逾期利息则参照银行同类贷款的利率进行计算。现在,新规定明确了逾期利息以年利率的6%进行计算。如果逾期利息有约定且在法律规定的范围之内,也即36%以下的,逾期利率要以之前的利

---

① 《最高人民法院关于审理民间借贷案件适用法律若干问题的规定》第二十六条规定:借贷双方约定的利率未超过年利率24%,出借人请求借款人按照约定的利率支付利息的,人民法院应予支持。借贷双方约定的利率超过年利率36%,超过部分的利息约定无效。借款人请求出借人返还已支付的超过年利率36%部分的利息的,人民法院应予支持。第二十八条规定:借贷双方对前期借款本息结算后将利息计入后期借款本金并重新出具债权凭证,如果前期利率没有超过年利率24%,重新出具的债权凭证载明的金额可认定为后期借款本金;超过部分的利息不能计入后期借款本金。约定的利率超过年利率24%,当事人主张超过部分的利息不能计入后期借款本金的,人民法院应予支持。按前款计算,借款人在借款期间届满后应当支付的本息之和,不能超过最初借款本金与以最初借款本金为基数,以年利率24%计算的整个借款期间的利息之和。出借人请求借款人支付超过部分的,人民法院不予支持。

② 第二十九条规定:借贷双方对逾期利率有约定的,从其约定,但以不超过年利率24%为限。未约定逾期利率或者约定不明的,人民法院可以区分不同情况处理:(一)既未约定借期内的利率,也未约定逾期利率,出借人主张借款人自逾期还款之日起按照年利率6%支付资金占用期间利息的,人民法院应予支持;(二)约定了借期内的利率但未约定逾期利率,出借人主张借款人自逾期还款之日起按照借期内的利率支付资金占用期间利息的,人民法院应予支持。第三十条规定:出借人与借款人既约定了逾期利率,又约定了违约金或者其他费用,出借人可以选择主张逾期利息、违约金或者其他费用,也可以一并主张,但总计超过年利率24%的部分,人民法院不予支持。

率进行计算。

所以P2P网络贷款平台对利率的规定应该按照国家相关规定进行设置。通过合理规定利率，对不符合规定的利息进行调整或变更合同，将利息约定在36％以下，超过的部分则不会受法律保护；且如果借款到期再续借，利息计入本金的，以24％之内的计算标准进行计算，逾期利息可以按36％以下的计算标准进行计算。

P2P平台为吸引客户投资进行高收益宣传，但利率如果超过了法定范围，则可能存在高利贷与不能兑现的风险。《最高人民法院关于审理民间借贷案件适用法律若干问题的规定》明确了P2P平台信息中介的定位，避免高息揽储等诸多风险情况的发生。

# 第三章 保险消费者权益保护理论及实务研究

## 理论热点

2009年的新保险法有了很大的进步，进一步明确了保险消费者的权益范围以及保险消费者的定义范围，对保险人的合同解除权进行了严格的规定，对保险合同中存在的大量格式条款进行了规范，理赔的时限、程序、手续有了更清楚的条文，但并没有解决保险消费者的法律主体地位。目前各大媒体、学术研讨会和保监会的发文中频频出现保险消费者这一概念，但其真正含义为何，至今没有统一的说法，由于立法未给保险消费者留出一席之地，司法裁判也仍旧习惯于沿用已有的保险规则来处理保险纠纷，司法实践中也没有以保险消费者权利为依据进行裁判的先例，因此，有必要对保险消费者的概念进行明确的法律界定，并构建相应的保险消费者权益保护体系。

法律制度是保险消费者权益保护工作的基础和核心。与一般消费者概念相比，"保险消费者"概念有着独特的内涵与外延。保险消费者权益主要有知情权、公平交易权、选择权、求偿权、安全权、隐私权等。由于保险消费者权益是一个新的法制领域，仍存在一些不足，如对保险消费者的概念不甚明确、保险消费者权益表达不甚完整、保险消费者受教育权的立法层级不高、保险消费者的监督权未在法规中明示、保险消费者的隐私权未涵盖个人信息、保险消费者权益概括不甚集中等。

在当今社会，格式条款因其具有的鲜明的特点和功能优势被广泛应用到经济生活的各个领域。在保险行业领域，采用格式条款来订立保险合同已经成为惯例。但是由于保险格式条款具有事先拟定性和附和性的典型特征，保险人作为保险格式条款的制定者，往往会制定排除和限制保险消费者权利的条款，这就损害了保险消费者的利益，因此我们有必要对保险格式条款进行合理规制，以此来平衡缔约双方当事人的利益，趋利避害，保证保险行业的健康发展。

### 案例简介

## 周某某诉中国人民财产保险股份有限公司某支公司保险合同案

被告某支公司不服一审判决上诉称：（1）原审法院遗漏了有独立请求权的第三人中国农业银行深圳某支行。本案所涉被盗车辆是被上诉人周某某在人保深圳市分公司投保了保证保险的前提下，向中国农业银行深圳某支行按揭购买的，根据保险合同的约定，中国农业银行深圳某支行是该保险合同的第一受益人。从保险车辆被盗后至今，被上诉人周某某尚有按揭款没有归还，故原审法院应依据我国《民事诉讼法》的相关规定通知本案有独立请求权的第三人中国农业银行深圳某支行参加诉讼。（2）原审法院认定事实错误。原审法院认定"被保险车辆2004年4月23日进修理厂全车翻新，4月29日修理完毕后，他人受原告委托将车提出，并经原告同意后借用，当晚停放在福永镇，4月30日晨发现被盗。该被保车辆丢失的时间、地点均与被告所称的'修理或被扣押期间被盗的属除外责任'不相符合"与事实不符。事实是，在人保深圳市分公司理赔期间，被上诉人周某某与修理厂员工彭某都分别陈述，保险车辆是在修理厂修理期间，彭某为方便上下班而开出修理厂被盗，车辆被盗时并没有修理完毕。因此，保险车辆被盗的时间应是在修理期间。根据双方当事人约定的保险合同中全车盗抢险条款第2.7款，保险车辆在修理或被扣押期间被盗窃，保险人责任免除。综上，请求二审法院撤销［2005］深宝法民二初第388号民事判决，予以改判驳回被上诉人的诉讼请求并承担本案一、二审诉讼费。

被上诉人周某某辩称：（1）上诉人在一审中并未在举证期间内提交

证据证明保险合同第一受益人是中国农业银行深圳某支行，而且该行也没有申请以第三人身份参加诉讼，一审法院没有通知其参加诉讼并没有违反程序。即使其是第三人，但至本案二审时被上诉人已经还清全部按揭贷款，农行的受益权已自动消失。（2）原审判决认定事实清楚。上诉人认为本案争讼车辆是在修理期间被盗的，应承担举证责任。但其所举证据材料因缺乏合法性、真实性和关联性而不足采信。故请求二审法院驳回上诉人的上诉，维持原判。

2002年6月11日，原告购得白色福田面包车一辆，价值人民币99800元，并登记车牌号。2003年6月13日，原告与被告签订保险合同，保险合同中明确约定有整车盗抢险；保险期限从2003年6月14日起到2004年6月13日止。该保险合同保险人一栏明确记明为"某支公司业务三部"，另又加盖有"中国人民财产保险公司深圳分公司业务专用章"。2003年6月18日原告依约向被告交纳了3543.48元人民币的保险费，被告向原告开具了发票。2004年4月23日原告将该被保车辆送至深圳市宝安区某修理厂做全车翻新。4月29日该车修好后，由原告的朋友彭某将车提出，并经原告同意后借用开回自己家中，停放在楼下。4月30日上午8时20分彭某发现该车被盗，遂通知原告，原告随即报警。当日下午原告到被告宝安营业部报案，要求被告承担保险责任。2003年12月5日被告做出了拒赔通知书，拒赔理由是依据保险合同和保险条款2.7款的规定，保险车辆在修理或被扣押期间被盗属除外责任。原告认为被告的拒赔理由不成立，应依约履行赔付义务，于2004年12月27日诉至法院。另查：被告企业类型属非国有独资有限公司分公司性质，隶属中国人民财产保险股份有限公司，领取有独立的营业执照。

## 审理结果

当地区人民法院认为，原、被告之间签订的《保险合同》是原、被告的真实意思表示，内容不违背有关法律规定，应为有效。被保险车辆2004年4月23日进修理厂全车翻新，4月29日修理完毕后，他人受原告委托将车提出，并经原告同意后借用，当晚停放在福永镇，4月30

日晨发现被盗。该被保车辆丢失的时间、地点均与被告所称的"修理或被扣押期间被盗的属除外责任"不相符合。因此，被告的拒赔理由不能成立，应依照保险合同履行保险赔付义务。另，某支公司是有营业执照的法人分支机构，有诉讼主体资格，原告只要求人保宝安支公司赔偿，是原告的权利，对被告关于自己不是本案适格当事人的答辩意见，不予采纳。对原告的诉讼请求予以支持。

据此，依照《中华人民共和国合同法》第一百零七条，《中华人民共和国保险法》第二条、第十四条之规定，判决：被告中国人民财产保险股份有限公司深圳市分公司宝安支公司在判决生效后三日内支付原告周某某保险赔偿金人民币80000元。一审案件受理费人民币2910元由被告负担。

当地市中级人民法院审理查明：双方当事人除对本案争讼车辆是否在修理期间被盗有异议外，对原审认定的其他事实没有异议，本院予以确认。关于保险车辆2004年4月29日晚被盗时是否属于正在修理期间，被上诉人提交了一份加盖某汽修厂收款专用章、时间为2004年4月29日的收款收据，证明车辆被盗时，已经修理完毕并交费出厂，故不属修理期间。上诉人对该证据的真实性无异议，但认为不能证明被上诉人的主张。上诉人提交了如下证据，拟证明车辆仍属修理期间：（1）修理厂报修单，时间为4月23日，该单备注有"已收"字样，证明车辆入厂的时间及被上诉人在入厂时已预交维修费；（2）2004年10月21日，某律师事务所张某某、陈某分别对周某某和彭某作了询问笔录。被上诉人对上述证据的真实性均予以认可。但是认为报修单缺乏关联性，不能证明上诉人的主张；两份询问笔录的询问人员不是执业律师，询问内容误导当事人，故缺乏合法性，也不具有客观性，不应被采信。基于当事人的认可，本院对双方当事人提交的前述证据的真实性均予以认可。本院认为，车辆维修应办理进厂、出厂手续，是否交费与是否修理完毕并无必然的联系。若办理了出厂手续，即使未缴纳修理费也可以认定维修完毕；相反，已预交维修费，没有办理出厂手续，也不能当然认定为修理完毕。因此，出厂单是修理完毕的关键证据。实践中，确实存在基于熟人关系及管理不规范等原因，没有办理出厂手续，而仅以结算维修费用作为维修合同结束维修服务的简便方式的情况。但是本案被上诉人一、二审均承认车辆进厂时就预交了费用给汽修厂员工彭某本人，且报修单上也备注有"已收"字样，故仅凭收款收据上记载的交款时间并不能当然认定为修理完毕的时间。上诉人提交的两份询问笔录，询问人自称是该律师事务所的工作人员，且明确说明是受本案上诉人的委托进行调查，并没有故意隐瞒自己的真实身份以及询问目的。被上诉人主张该两份证据缺乏合法性、内容有误导，应适用证据排除规则不予采信，但其既没有举证证明何处误导，而且理由也不充分。故本院对该询问笔录予以采信。被询问人周某某和彭某在笔录中关于车辆的修理情况和被盗经过的陈述基本一致，特别是被上诉人周某某本人承认车辆尚未维修完毕。综上，两相比较，上诉人具有证据显著优势，认定被盗车辆2004年4月29日仍处于修理期间。

据此，当地市中级人民法院认为，本案是保险合同纠纷，争议焦点是合同中约定的"保险车辆在修理期间被盗窃免除保险人赔付责任"的格式条款对双方当事人是否产生效力。本案中涉及的整车盗抢险约定车辆修理期间被盗免赔的除外条款具有合理性。但是，根据《中华人民共和国保险法》第十七条之规定："保险合同中规定保险人责任免除条款的，保险人在订立保险合同时应当向投保人明确说明，未明确说明的，该条款不产生效力。"故本案争议最终可以简化为，上诉人在订立合同时是否尽到最大诚信义务，履行了除外条款告知的责任。这是条款是否生效的关键。上诉人主张本案格式保险单中专设"重要提示"栏目，提示投保人"保险合同由保险条款、投保单、保险单等组成"，"请详细阅读承保险种对应的保险条款，特别是责任免除和投保人、被保险人义务"条款。且保险单由被上诉人提交，可以推定为已经送达了被上诉人，故上诉人已经尽到了除外条款的提示义务。对此，本院认为，上诉人作为保险服务的提供者与作为保险消费者的被上诉人，在订立合同时的地位显著不平等，对合同条款的了解程度迥异，而且消费者对合同条款不能对等谈判，只有接受与不接受的自由。因此，上诉人履行告知义务的要求应远高于《合同法》的一般要求，保险人应尽最大诚信义务。根据《中华人民共和国保险法》第十七条的规定，保险人在订立合同之前或者当时，就应对具体险种的除外条款作出告知及说明，目的就是让投保人自己作出判断，从而行使消费选择权，而非在合同订立以后再提醒其注意相关条款。事实上，保险人作出此种告知和提示的成本很低，只需投保人书面声明知道即可。本案上诉人没有举证证明作为合同组成部分的保险条款印刷于保险合同或保险合同（保险单）的背面方便投保人阅读，或者已经将保险条款连同保险合同（保险单）一起送达给了投保人，也没有证明除保险单上的"重要提示"以外，自己向被上诉人就整车盗抢险的免赔条款作出其他特别提示和说明，被上诉人从而在投保时已经清楚知晓。故被上诉人以未见到保险单也没能阅读除外条款为由，主张本案除外条款不生效，理由成立。综上，本案保险车辆在修理期间，因修理厂工人擅自开回家而被盗。保险合同约定的"保险车辆在修理期间被盗窃免除保险人赔付责任"的格式条款，因保险人在订立合同时没有尽到告知义务，对双方当事人不发生法律效力，上诉人不予赔付虽具有事实依据，但缺乏合同约定的依据。

原审判决认定事实错误，适用法律不当，但实体处理正确。上诉人关于事实部分的上诉理由虽然部分成立，但其请求本院不能支持。根据《中华人民共和国民事诉讼法》第一百五十三条第一款，《最高人民法院关于民事诉讼证据的若干规定》第七十三条第一款，《中华人民共和国保险法》第十七条的规定，判决：驳回上诉，维持原判。本案二审案件受理费各人民币2910元，由上诉人承担。

### 法理评析

保险合同中存在以免责为内容的格式条款，但保险人在投保前未告知投保人的，该条款是否有效？

保险人与投保人在订立保险合同时的地位显著不平等，对合同条款的了解程度迥异，而且保险合同存在很多格式条款，投保人对合同条款不能对等谈判，只有接受与不接受的自由。因此，保险人履行告知义务的要求应远高于《合同法》的一般要求，保险人应尽最大诚信义务。根据《中华人民共和国保险法》第十七条的规定，保险合同中规定保险人责任免除条款的，保险人在订立保险合同时应当向投保人明确说明，未明确说明的，该条款不产生效力。因此，保险合同中存在以免责为内容的格式条款，但保险人在投保前未告知投保人的，该条款为无效条款。

保险合同不同于一般的民事合同，保险人具有专业优势，与投保人地位明显不对等。因此，在适用格式条款的说明义务时，应当要求保险人以符合最大诚信原则的方式进行，而不能仅仅采取合同中"重要提示"栏目的设定免除自己的责任。

**理论探讨**

## 一、保险消费者成为热点保护对象

2015年，我国原保险保费收入（指保险企业确认的原保险合同保险保费收入）24282.52亿元，同比增长20.00%。财产险、寿险、健康险、意外险业务原保险保费收入分别为7994.97亿元、13241.52亿元、2410.47亿元、635.56亿元，同比增长10.99%、21.46%、51.87%、17.14%。原保险赔付支出（指保险企业支付的原保险合同赔付款项）8674.14亿元，同比增长20.20%，其中赔款分别为4194.17亿元、3565.17亿元、762.97亿元、151.84亿元，同比增长10.72%、30.67%、33.58%、18.24%。资金运用余额111795.49亿元，较年初增长19.81%。银行存款24349.67亿元，占比21.78%；债券38446.42亿元，占比34.39%；股票和证券投资基金16968.99亿元，占比15.18%；其他投资32030.41亿元，占比28.65%。总资产123597.76亿元，较年初增长21.66%。产险公司总资产18481.13亿元，较年初增长31.43%；寿险公司总资产99324.83亿元，较年初增长20.41%；再保险公司总资产5187.38亿元，较年初增长47.64%；资产管理公司总资产352.39亿元，较年初增长46.44%。净资产16089.70亿元，较年初增长21.38%。养老保险公司企业年金受托管理资产4168.8亿元，投资管理资产3525.51亿元。[①]

我国保险业市场总规模先后超越德国、法国、英国，全球排名由第

---

① 中国保险监督管理委员会门户网站年保险业经营数据，http://www.circ.gov.cn/web/site0/tab5203/info4051666.htm，访问时间：2016年12月13日。

六位升至第三位。2010年至2015年，保费收入由1.3万亿元增长到2.4万亿元，年增长率13.4%，保险总资产由5万亿元增长到12万亿元，净资产1.6万亿元，行业利润由837万亿元增长到2824万亿元，增加2.4倍。保险深度达到3.6%，保险密度达到1768元/人。根据《中国保险业发展"十三五"规划纲要》确定的目标，2020年，全国保险保费收入争取达到4.5万亿元，保险深度达到5%，保险密度达到3500元/人，保险业总资产争取达到25万亿元。[①]

笔者在中国裁判文书网以保险纠纷为案由和以格式条款为关键词在全文中搜索查询，全国法院共受理保险纠纷类案件22156件。其中2016年共5055件保险类纠纷裁判决或裁判文书，2015年4950件，2014年6970件。一审案件14086件、二审案件7811件、再审案件98件、再审审查与审判监督159件，其他2件，判决书19570件、裁定书247件。最高人民法院2件、高级人民法院215件、中级人民法院7871件、基层人民法院14068件。从地域及法院来看，保险纠纷发生最多的几个省分别是江苏省2717件、河南省2223件、河北省2092件、山东省1982件、广东1502件、浙江省1291件。[②]但民商事案件在互联网上公布的裁判文书主要是判决和裁定类，还有绝大部分的调解类保险案件未统计在内。由于调解类案件不能反映法院适用法律的直接状态，而判决和裁定类的案件能直接反映保险纠纷格式条款的司法实践现状，因此数据具有真实性和客观性。

笔者再以保险纠纷为案由和以格式条款、说明义务为关键词在全文中搜索查询，全国法院共受理保险纠纷类案件9711件。2016年共2342件保险类纠纷裁判决或裁判文书，2015年2274件，2014年2939件。一审案件5339件、二审案件4245件、再审案件53件、再审审查与审

---

[①] 见中国保险监督管理委员会：《中国保险业发展"十三五"规划纲要》（中国保险监督管理委员会门户网站），http://www.circ.gov.cn/web/site0/tab5225/info4042138.htm，访问时间：2016年12月13日。

[②] 中国裁判文书网，http://wenshu.court.gov.cn/list/list/?sorttype=1&conditions=searchWord+002008008+AY++%E6%A1%88%E7%94%B1:%E4%BF%9D%E9%99%A9%E7%BA%A0%E7%BA%B7&conditions=searchWord+002008008+AY++%E5%85%A8%E6%96%87:%E6%A3%80%E7%B4%A2:%E6%A0%BC%E5%BC%8F%E6%9D%A1%E6%AC%BE，访问时间：2016年12月14日。

判监督73件，其他1件，判决书8544件、裁定书86件。最高人民法院1件、高级法院103件、中级人民法院4278件、基层人民法院5329件。从地域及法院来看，保险纠纷发生最多的几个省分别是江苏省1111件、河北省2092件、河南省964件、山东省911件、广东697件、浙江省589件。①

由于我国保险业起步晚、基础差，至今仍存在一些亟待解决的矛盾和问题：覆盖面不宽，功能作用发挥不充分；粗放经营状况尚未根本改变；市场秩序不规范，销售误导和理赔难等问题依然突出；自主创新能力不强，高素质专业人才匮乏等。由于保险行业整体处于低水平状态，带来的保险服务也不尽完美，同时保险消费者在交易地位中处于弱势，其合法权益容易受到不同程度的侵害，由此而产生的保护缺失，使得如何实现保险消费者的权益问题上升为普遍关注的社会话题。

## 二、保险合同格式条款之角度保护保险消费者

我国自1980年恢复保险业务以来，保险行业以前所未有的发展速度取得了举世瞩目的成就。保险合同已经呈现出格式化的趋势，属于典型的格式合同，由最大利益方的保险机构事先拟定，投保人只能接受而无修改权。所以，在保险实务中，大量保险合同格式条款的存在使得传统的合同"契约自由"原则成为一种虚构，存在保险公司利用不公平、不合理的保险格式条款损害消费者权益的现象，因保险人在条款中加重保险人负担、限制保险人权力、扩大免责条款效力、对格式条款未尽说明义务等原因造成消费者权益受侵的案件时有发生。格式条款主要在公平合理原则、不利解释原则、说明义务原则等方面存在问题。因而，如何加强对保险合同格式条款的规制，维护契约之正义，已成为法律亟待解决的问题。维护合同自愿、公平的基本原则，必须加强保险格式合同

---

① 中国裁判文书网，http://wenshu.court.gov.cn/list/list/? sorttype＝1&conditions＝searchWord＋002008008＋AY＋＋％E6％A1％88％E7％94％B1：％E4％BF％9D％E9％99％A9％E7％BA％A0％E7％BA％B7&conditions=searchWord＋002008008＋AY＋＋％E5％85％A8％E6％96％87％E6％A3％80％E7％B4％A2：％E6％A0％BC％E5％BC％8F％E6％9D％A1％E6％AC％BE％20％E8％AF％B4％E6％98％8E％E4％B9％89％E5％8A％A1，访问时间：2016年12月14日。

的管理，建立以立法规制为主，行政规制、司法规制和自律规制相结合的法律法规。

## （一）保险合同格式条款的法学理论基础

《合同法》第三十九条规定：采用格式条款订立合同的，提供格式条款的一方应当遵循公平原则确定当事人之间的权利和义务，并采取合理的方式提请对方注意免除或者限制其责任的条款，按照对方的要求，对该条款予以说明。格式条款是当事人为了重复使用而预先拟定，并在订立合同时未与对方协商的条款。

格式条款具有重复适用性、定型化、不容协商性、附从性的特点。关于格式条款"是由一方为了反复使用而预先制订"，这里的"反复使用"只是其经济功能，而不是其法律特征。格式条款多数是重复使用的，但并不是其本质属性。格式条款的内容具有定型化的特点。所谓定型化，是指格式条款具有稳定性和不变性，它普遍适用于一切要与起草人订合同的不特定的相对人，而不因相对人的不同有所区别。格式条款的主要特点在于未与对方协商。格式条款只是指不能协商的条款，有的合同相对人可协商但其未协商，不属于格式条款，这是由格式条款的本质所决定的。格式条款又称为附从条款，其原因在于相对人在订约中居于附从地位。相对人并不参与协商过程，只能对一方制订的格式条款概括地予以接受或不接受，而不能就合同条款讨价还价，因而相对人在合同关系中处于附从地位。格式条款的这一特点使它与某些双方共同协商参与制订的格式条款不同，后一种合同虽然外观形式上属于格式条款，但其内容是由双方协商确定的，因此，不属于格式条款。

格式条款与示范合同有所区别。格式条款是随着市场自由经济发展成规模经济、垄断市场而出现的，满足了市场交易和组织管理中的效益性需要，同时也面临背离契约自由和公平的挑战。格式条款首先是一个市场问题，首要因素应是引入市场竞争，限制市场优势的滥用，健全竞争立法。合同法对格式条款规制的出发点在于：针对交涉机制上的不容协商性，通过意志的法定表达程式与补救机制，强化弱势一方的意志利益；针对意思表达不对等所产生的不公平后果，避免基于意志交涉程序所滋生的权利义务不对等。示范合同则有所不同，它是国家部门针对不同行业提供合同的样板,以便于不同行业参照,不具有强制性,不体现合同签订主体之间的不容协商性,当事人可以根据示范合同提供的内容来签订自己的合同,合同的签订体现了当事人的自由意思,具有协商性,故不是格式条款。

### (二) 保险合同格式条款的法经济学分析

波斯纳认为:"从人们认为其中不存在谈判就很容易得出这样的结论,即购买者缺乏自由选择,所以就不应该受负有法律义务条款的约束。"[1] 合同自由是合同法的原则,合同实质自由包括:缔结合同的自由,变更解除合同的自由,选择相对人的自由,选择合同内容的自由,选择合同方式的自由,选择违约补救形式的自由,选择裁判的自由。格式条款限制了合同自由,其仅仅有缔结合同和选择相对人的自由。格式合同一般采用书面形式。变更或解除保险合同的自由、选择违约补救形式的自由和选择裁判的自由可以归到选择合同内容的自由中去,所以,格式合同对合同自由的侵犯主要在选择合同内容的自由上,而恰恰选择合同内容的自由是意思自由的核心。[2] 合同成立的两个阶段"要约与承诺"正是选择合同内容的自由,除非发出要约的一方在要约中充分考虑到受要约方的利益,合同的成立一般要经过多轮的"要约与承诺",也就是一个讨价还价的过程。

"讨价还价"的前提是竞争市场的存在。表面上合同是特定买卖双方讨价还价的结果,而实际上合同条款是所有的买方和卖方参与确定的。自由合同发展到格式合同符合卡尔多-希克斯有效性标准,它是潜在的帕累托改善。

格式条款的出现深刻地改变了私法世界的原有面貌。自由选择和双方合意的契约自由之应有内涵时常面临缺失的尴尬,以程序正义实现实质公平的契约自由之目标凸显实现不能之虞。对此,传统契约法的显失公平、重大误解等救济措施力有未逮,各国遂开始以信息规制或内容控

---

[1] [美] 波斯纳:《法律的经济分析》,北京:中国大百科全书出版社,1997年版,第146页。
[2] 尹田:《契约自由与社会公正冲突与平衡——法国合同法中意思自治原则的衰落》,见梁慧星:《民商法论丛》第2卷,北京:法律出版社,1994年版,第253页。

制的方法应对。前者侧重于从程序控制的角度消弭格式条款对方之间的信息不对称，直接对条款制定方课加信息提供义务。[1]

## 三、保险合同格式条款成立、效力及解释原则

### （一）保险合同格式条款的成立与生效的关系

我国保险法律存在一些不合理之处，造成合同当事人甚至各级法院对法条的理解大相径庭。《保险法》已经修改了两次，但是保险合同部分的规定，修改的内容虽然多，条款却依然不够完善。保险合同的有效订立事实上包括两个方面：一是双方对保险合同的条款达成协议，即保险合同已经成立；二是保险合同对双方发生法律约束力，即保险合同生效。因保险合同成立的相关法律规定过于简单，在我国保险法理论与实践中，造成人们在理解上出现偏差，对保险合同的成立与生效问题争议颇多。关于保险合同的成立，各类案件反映的问题为中国不成熟的保险业敲响了警钟。一方面是合同的成立与生效本身内涵有待澄清，另一方面则是构成二者的要件问题多与保险费缴纳、保险单签发以及第三人的行为等实际问题密切相关。比如，对保险公司的承诺方式没有作出具体化规定；《保险法》中一些条款语句模糊，使得相关规定与《合同法》出现矛盾而造成人们的误解；由于法律相关规定的空白，保险人关于"通融赔付"的自行约定比较混乱等；而最具争议的是保险人预收保费问题。

保险合同是诺成性合同、不要式合同，保险单是否签发，不是保险合同成立的必要条件。《保险法》第十三条第一款规定："投保人提出保险要求，经保险人同意承保，保险合同成立。"

根据合同法原理，合同效力可以分为有效合同、无效合同和效力待定合同三大类。有效合同可分为生效合同和未生效合同两类。生效合同的含义为成立即生效合同。合同生效对应于合同的未生效。效力待定合

---

[1] 邢会强：《信息不对称的法律规制——民商法与经济法的视角》，载于《法制与社会发展》，2013 年第 2 期。

同经过认定后分化为有效合同或无效合同。我国《保险法》对合同的生效未作出特殊规定，保险合同成立与生效的关系一般有三种：第一，成立时即生效。投保人与保险人未约定时间，保险合同自成立时起一并生效。第二，成立时未生效。包括附条件或附期限生效等情形。第三，成立时效力未定。

保险合同的成立与生效不同。成立属于事实判断，只产生成立或不成立的法律后果，不成立的合同存在返还的情形。保险合同的生效属于价值判断，生效后效力的具体形式有不同的法律后果，存在有效、无效、效力待定、可撤销等多种形态。

（二）保险合同格式条款的有效

保险人通常只对投保单进行书面审核，经审核无异议时，实质上就是一种承诺，只是保险人淡化了承诺的形式要件，将承诺的意思表示及时送达，归并到交付保险凭证的行为中。在此期间若发生危险事故，双方当事人可能就合同成立与否发生纠纷，已经预收保费的保险人更会陷入尴尬处境。我们认为，原则上保险费的缴纳与否并不影响保险合同的成立或生效，但如果保险人预收了保费，则应推定保险合同成立。

2009年新修订的《保险法》在其第二十条中再次明确规定："投保人和保险人可以协商变更合同内容。变更保险合同的，应当由保险人在保险单或者其他保险凭证上批注或者附贴批单，或者由投保人和保险人订立变更的书面协议。"我国《保险法》始终承认保险合同附加条款的存在。由于附加条款是由当事人在格式合同之外临时动议的结果，它能够比格式条款更加真实地代表双方当事人的意思表示。附加条款如果是打印或手写的，且与保险合同格式条款出现了冲突，合同具体内容应以手写、打印的附加条款为准。

保险合同经历要约和承诺后才成立。当保险合同成立要件具备则宣告成立，有的保险合同规定附带生效要件，才对双方形成法律约束力。承诺形式一般是投保人和保险代理人签署《投保书》并且交给保险人，保险人收到《投保书》后，通常会通知被保险人体检，在体检结果出来后，结合其他内容一起审核，最后决定是否接受保险申请。

建立规范化的暂保制度，通过司法解释作出相关规定，分两种情况对待：第一，如果保险人要求投保人支付首期保险费，则必须以暂保的形式为被保险人提供临时保障，直到签发正式保险单或作出拒保决定为止；第二，如果保险人没有收取投保人首期保险费，则可以协商使用暂保单提供临时保障，不作强制规定。

### （三）保险合同格式条款不存在可撤销或可变更情形

保险合同不存在可撤销、可变更的情形，理由如下。第一，可撤销、可变更合同主要是合同显失公平情形。根据《民法通则》第五十九条第一款第二项、《合同法》第五十四条第一款第二项，若被撤销，则其效力自始无效；若变更，则按变更后的内容执行，原合同内容则不予履行。第二，特别法排除可撤销、可变更在保险合同格式条款中的应用。根据《消费者权益保护法》第二十四条："经营者不得以格式合同、通知、声明、店堂告示等方式作出对消费者不公平、不合理的规定，或者减轻、免除其损害消费者合法权益应当承担的民事责任。格式合同、通知、声明、店堂告示等含有前款所列内容的，其内容无效。"可见，若格式合同的内容显失公平，应为无效，而非可变更或可撤销。《消费者权益保护法》的适用范围可以说涵盖了现实中所有社会经济生活领域，格式条款若显失公平，一般情况下不应当存在适用《民法通则》第五十九条、《合同法》第五十四条规定的余地，而应适用《消费者权益保护法》上述规定，归于无效。

### （四）保险合同格式条款的无效认定

《合同法》第四十条规定："格式条款具有本法第五十二条和第五十三条规定情形的，或者提供格式条款一方免除其责任、加重对方责任、排除对方主要权利的，该条款无效。"《保险法》第十九条规定："采用保险人提供的格式条款订立的保险合同中的下列条款无效：（一）免除保险人依法应承担的义务或者加重投保人、被保险人责任的；（二）排除投保人、被保险人或者受益人依法享有的权利的。"不难看出，无效保险条款的本质特征概括起来就是违反公平正义和诚实信用原则，它使合同双方当事人利益失衡，其后果是使保险人一方获利，而投保人、被保险人或受益人利益直接受损。

现行《保险法》第十七条第二款规定："对保险合同中免除保险人责任的条款，保险人在订立合同时应当在投保单、保险单或者其他保险凭证上作出足以引起投保人注意的提示，并对该条款的内容以书面或者口头形式向投保人作出明确说明；未作提示或者明确说明的，该条款不产生效力。"上述"不产生效力"，有的学者认为其为无效，有的学者认为其为效力待定。若为无效，立法者可以直接使用"无效"用语；若为效力待定，必然有产生效力的条件；但现行《保险法》根本没有回旋的余地。"不产生效力"的真正法律含义，指的应该是未说明或未提示的条款未被订入合同之中，因双方当事人未达成合意，从而导致这些合同条款不产生效力。

德国《保险法》有"相对强制规定"理论。德国保险学界将《保险法》上的强制性规定分为"绝对强制规定"和"相对强制规定"。绝对强制规定，如保险利益、重复保险、超额保险等禁止性规定，不得以契约变更之，无论是否对被保险人有利。所谓相对强制规定，其法意原为保护被保险人所设，原则上不得变更，但若有利于被保险人则不在此限。此类规定不能以一般私法原则判断，而是以法条规定内容是否对被保险人有利为据。换言之，此种规定为最低之契约内容标准，防止保险人以附合契约之方式剥夺被保险人权益。[①]

（五）保险合同格式条款的解释原则

《合同法》第四十一条规定：对格式条款的理解发生争议的，应当按照通常理解予以解释。对格式条款有两种以上解释的，应当作出不利于提供格式条款一方的解释。我国《保险法》第三十条规定："采用保险人提供的格式条款订立的保险合同，保险人与投保人、被保险人或者受益人对合同条款有争议的，应当按照通常理解予以解释。对合同条款有两种以上解释的，人民法院或者仲裁机构应当作出有利于被保险人和受益人的解释。"

《保险法》第十九条的法理基础源于格式条款的内容控制原则，内

---

① 江朝国：《保险法论文集（三）》，台北：瑞兴图书股份有限公司，1997年版，第130~131页。

容上对我国《合同法》和我国台湾地区"保险法"有关规定有所借鉴。其立法意旨是依据诚实信用和公平正义原则，对不利于被保险人的不公平条款进行规制。保险条款效力认定包括合法性判断和合理性判断。合法性判断要着重分析保险条款免除的义务或排除的权利所指向之法律规定为任意性规范的情形；合理性判断重在具体情形下的利益平衡。鉴于现阶段保险条款存在较多公平性问题，第十九条的规范意义非常重大；为避免矫枉过正，其适用应当科学审慎，尤其要尊重保险合同的特性。

# 第四章 保险消费者权利之限制法律制度及实务研究

**理论热点**

2009年10月1日起实施的新《保险法》第十六条对投保人告知义务进行了新的界定，与1995年的《保险法》相比，在告知义务的内容、告知义务的违反以及告知义务的法律效果等方面进行了重大修改，将投保人违反告知义务需承担不利后果的主观过错范围界定为故意或重大过失，同时增加了除斥期间、弃权及禁止反言等原则，充分体现了新《保险法》对投保人合法权益的保护，是立法的一大进步。具体体现在以下几个方面。（1）违反告知义务主观过错与因果关系认定不同。取消了原来根据投保人主观过错不同区别对待的做法，违反义务的主观状态从故意或过失变为故意或重大过失。故意与重大过失都要以未告知事项与风险评估存在因果关系为要件。（2）合同解除的法律后果不同。投保人主观过错程度不同合同对待态度不同，如果是故意的，不需要未告知或不实告知事项与事故发生之间有因果关系，投保人即可不承担责任，并不退还保险费；如果是重大过失，要求未告知或不实告知事项对保险事故发生有重大影响，保险人才可不承担责任，但需退还保险费。（3）解除权行使期限。吸收原来适用于人身保险合同的不可抗辩条款，将解除权的行使期限限于保险人知道解除事由之日起30日以及保险合同成立后两年。（4）引入不可抗辩条款，借鉴了英美法系弃权制度，保险人订立合同时知道投保人未如实告知的，不得解除保险合同。（5）将保险人的说明义务内容单独一条列开。

关于投保人告知义务的范围如何界定问题，2013年《最高人民法院关于适用〈中华人民共和国保险法〉若干问题的解释（二）》将告知义务界定在保险人询问范围之内。其第六条规定："投保人的告知义务限于保险人询问的范围和内容。当事人对询问范围及内容有争议的，保险人负举证责任。保险人以投保人违反了对投保单询问表中所列概括性条款的如实告知义务为由请求解除合同的，人民法院不予支持。但该概括性条款有具体内容的除外。"

## 案例简介

### 陈某与中国平安人寿保险股份有限公司某支公司人身保险合同纠纷二审民事判决书

陈某之父陈某康，因右肺腺癌于2010年8月10日入院治疗，至2010年8月24日病情平稳后出院。2010年8月25日，陈某为陈某康在被告处投保了8万元的身故险和附加重大疾病险。陈某和陈某康均在"询问事项"栏就病史、住院检查和治疗经历等项目勾选为"否"。两人均签字确认其在投保书中的健康、财务及其他告知内容的真实性，并确认被告及其代理人已提供保险条款，对免除保险人责任条款、合同解除条款进行了明确说明。双方确认合同自2010年9月2日起生效。合同7.1条及7.2条就保险人的明确说明义务、投保人的如实告知义务以及保险人的合同解除权进行了约定。

2010年9月6日至2012年6月6日，陈某康因右肺腺癌先后9次入院治疗。2012年9月11日，陈某康以2012年3月28日的住院病历为据向被告申请赔付重大疾病保险金。保险公司经调查发现，陈某康于2010年3月10日入院治疗，被确认为"肝炎、肝硬化、原发性肝癌不除外"，因此被告于2012年9月17日以陈某康投保前存在影响该公司承保决定的健康情况，而在投保时未书面告知为由，向原告送达解除保险合同并拒赔的通知。陈某康、陈某于2012年10月24日诉请判令被告继续履行保险合同并给付重大疾病保险金3万元，后在二审中申请撤诉，二审法院于2012年12月18日裁定撤诉。2014年3月11日至3月

14日，陈某康再次因右肺腺癌入院治疗，其出院诊断为：右肺腺癌伴全身多次转移（Ⅳ期，含骨转移）。2014年3月24日，陈某康因病死亡。原告陈某遂诉至法院，请求被告给付陈某康的身故保险金8万元。

## 审理结果

一审法院认为，投保人陈某在陈某康因右肺腺癌住院治疗好转后，于出院次日即向被告投保，在投保时故意隐瞒被保险人陈某康患有右肺腺癌的情况，违反了如实告知义务，依据《保险法》第十六条第二款的规定，保险人依法享有合同解除权。因上述解除事由在保险合同订立时已发生，且陈某康在2010年9月6日至2012年6月6日期间，即合同成立后两年内因右肺腺癌先后9次入院治疗，却在合同成立两年后才以2012年3月28日的住院病历为据向被告申请赔付重大疾病保险金，又在陈某康因右肺腺癌死亡之后要求被告赔付身故保险金8万元，其主观恶意明显，该情形不属于《保险法》第十六条第三款的适用范围，原告不得援引该条款提出抗辩。被告自原告方向其申请理赔的2012年9月11日起始知道该解除事由，即于2012年9月17日向原告送达书面通知拒付并解除合同。原告未在三个月异议期内提出异议。根据《合同法》第九十六条第一款的规定，双方合同已于2012年9月17日解除。原告以2014年3月24日陈某康因病死亡为由诉请被告支付保险金8万元没有法律依据，判决驳回原告陈某的诉请。

二审法院认为，上诉人主张，据《保险法》第十六条第三款规定，保险公司不能解除合同。法院认为，从《保险法》第十六条第三款看，"自合同成立之日起超过两年的，保险人不得解除合同"，保险人不得解除合同的前提是自合同成立之日起两年后新发生保险事故。而本案中，保险合同成立时保险事故已发生，不属于前述条款适用的情形，保险人仍享有解除权。被保险人、受益人以《保险法》第十六条第三款进行的抗辩，系对该条文的断章取义，对此不予支持。另外，被告已于2012年9月17日发出解除通知，而原告在三个月内未提出异议，双方合同已于2012年9月17日解除，上诉人于2014年3月起诉，其诉请不应支持。因此，判决驳回上诉，维持原判。

### 法理评析

（1）本案中投保人未如实告知投保前已发保险事故，保险合同成立两年后请求理赔，应否支持的问题，尚属法律空白，若机械援用《保险法》第十六条的规定，将变相鼓励恶意骗保行为。为此，本案在权衡保障投保人的合法权益和维护良好保险秩序后作出了裁判，为类案处理提供了经验。

（2）保险合同是射幸合同，对将来是否发生保险事故具有不确定性。但在保险合同成立之前已发生投保事故，随后再投保，其具有主观恶意，系恶意骗保的不诚信行为，并违反保险合同法理，此时不应机械性地固守不可抗辩期间的限定，应赋予保险公司解除权，且两年不可抗辩期间适用的前提是保险合同成立两年后新发生的保险事故，因此保险合同成立前已发生保险事故的，保险公司不应赔偿。本案的裁判，对于遏制恶意投保并拖延理赔的不诚信行为，规范保险秩序，防止保险金的滥用具有积极作用。

### 理论探讨

## 一、保险消费者之司法现状

2016年12月14日笔者以保险纠纷为案由在中国裁判文书网上查询，全国法院共受理保险纠纷类案件181998件。由于中国裁判文书网是从2014年开始收录全国范围内的公开的判决文书的，故2014年之后的数据比较具有全面性，可以真实反映保险纠纷的司法现状。2016年共检索到44793个保险类纠纷裁判决或裁判文书，2015年检索到38948起，2014年检索到53710起。一审案件139742件、二审案件40135件、再审案件607件、再审审查与审判监督1356件、其他158件，判决书132143件、裁定书29792件、调解书270件、通知书21件。最高人民法院35件、高级人民法院1439件、中级人民法院40739件、基层人民法院139785件。从地域及法院来看,保险纠纷发生最多的几个省分别是河北省31071件、山东省20997件、河南省18538件、江苏省15731件、浙江省13547件、广东10625件。①

笔者再在中国裁判文书网上以保险纠纷为案由和以告知方义务为关键词在全文中搜索查询,全国法院共受理保险纠纷类案件13969件。2016年共3276件保险类纠纷裁判决或裁判文书,2015年3087件,2014年4178件。一审案件8456件、二审案件5292件、再审案件72件、再审审查与审判监督130件,判决书12241件、裁定书179件。最高人民法院1件、高级人民法院159件、中级人民法院5345件、基层人民法院8445件。从地域及法院来看,保险纠纷发生最多的几个省分别是河北省1469件、山东省1301件、河南省1748件、江苏省908件、浙江省1347件、广东775件。② 民商事案件在互联网上公布的裁判文书主要是判决和裁定类,还有绝大部分调解类保险案件未统计在内。尽管如此,裁判文书是法院适用法律最直接的反映。

以财产保险合同纠纷为案由搜索查询,发现全国共受理82784件,其中2016年共有22439件保险类纠纷裁判决或裁判文书,2015年17783件,2014年22218件。一审案件65115件、二审案件16868件、再审案件261件、再审审查与审判监督470件,判决书61270件、裁定书11900件、调解书125件。最高人民法院24件、高级人民法院1640件、中级人民法院17110件、基层人民法院65124件。从地域及法院来看,保险纠纷发生最多的几个省分别是河北省13397件、浙江省10028件、山东省9418件、广东7887件、河南省7072件、江苏省6228件。③

以财产保险合同纠纷为案由和以告知方义务为关键词在全文中搜索查询,发现全国共受理4403件,其中2016年共有1160件保险类纠纷

---

① 中国裁判文书网,http://wenshu.court.gov.cn/list/list/?sorttype=1&conditions=searchWord+002008008+AY++案由:保险纠纷,访问时间:2016年12月14日。
② 中国裁判文书网,http://wenshu.court.gov.cn/list/list/?sorttype=1&conditions=searchWord+告知义务+QWJS++全文检索:告知义务&conditions=searchWord+002008008+AY++案由:保险纠纷,访问时间:2016年12月14日。
③ 中国裁判文书网,http://wenshu.court.gov.cn/list/list/?sorttype=1&conditions=searchWord+002008008001+AY++案由:财产保险合同纠纷,访问时间:2016年12月14日。

裁判决或裁判文书，2015年1010件，2014年1313件。一审案件2746件、二审案件1577件、再审案件19件、再审审查与审判监督61件，判决书3829件、裁定书81件。高级人民法院66件、中级人民法院1591件、基层人民法院2746件。从地域及法院来看，保险纠纷发生最多的几个省分别是浙江省753件、河南省856件、山东省365件、河北省270件、江苏省241件、湖北省229、广东220件。①

以人身保险合同纠纷为案由搜索查询，发现全国共受理22197件，其中2016年共有6011件保险类纠纷裁判决或裁判文书，2015年5121件，2014年6406件。一审案件16028件、二审案件5645件、再审案件101件、再审审查与审判监督371件，判决书13655件、裁定书5871件、调解书23件。高级人民法院361件、中级人民法院5767件、基层人民法院16069件。从地域及法院来看，保险纠纷发生最多的几个省分别是河南省7072件、山东省2164件、江苏省1841件、河北省1540件、四川省1250、浙江省972件、广东1039件。②

以人身保险合同纠纷为案由和以告知方义务为关键词在全文中搜索查询，发现全国共受理4606件，其中2016年共有1095件保险类纠纷裁判决或裁判文书，2015年1020件，2014年1320件。一审案件2811件、二审案件1746件、再审案件18件、再审审查与审判监督31件，判决书4043件、裁定书47件。最高人民法院1件、高级人民法院38件、中级人民法院1766件、基层人民法院2801件。从地域及法院来看，保险纠纷发生最多的几个省分别是浙江省753件、河北省518件、广东453件、山东省428件、河南省348件、江苏省254件。③

截至2016年12月14日，再保险类合同12件、保险经纪合同44件、保险代理合同纠纷368件、进出口信用保险合同纠纷9件、保险费

---

① 中国裁判文书网，http://wenshu.court.gov.cn/list/list/? sorttype＝1&conditions＝searchWord＋告知义务＋QWJS＋＋全文检索：告知义务&conditions＝searchWord＋002008008001＋AY＋＋案由：财产保险合同纠纷，访问时间：2016年12月14日。

② 中国裁判文书网，http://wenshu.court.gov.cn/list/list/? sorttype＝1&conditions＝searchWord＋002008008001＋AY＋＋案由：财产保险合同纠纷，访问时间：2016年12月14日。

③ 中国裁判文书网，http://wenshu.court.gov.cn/list/list/? sorttype＝1&conditions＝searchWord＋告知义务＋QWJS＋＋全文检索：告知义务&conditions＝searchWord＋002008008002＋AY＋＋案由：人身保险合同纠纷，访问时间：2016年12月14日。

纠纷128件，共计561件，以上案件告知义务类的分别为1件、3件、12件、1件、6件，共计23件。

财产保险合同纠纷和人身保险合同纠纷与再保险类合同、保险经纪合同、保险代理合同纠纷、进出口信用保险合同纠纷、保险费纠纷的案件数据统一起来与保险纠纷类的数据出现偏差，主要是因为保险纠纷类的合同案件在适用案由时还有很大一部分无法归纳到上述明确的案件中，法院定立案由时就定为了保险纠纷。

所以，以财产类、人身类和其他类案件（不含财产保险合同纠纷和人身保险合同纠纷与再保险类合同、保险经纪合同、保险代理合同纠纷，进出口信用保险合同纠纷，保险费纠纷）进行统计分析时，发现其他类案件总数为75895件，告知类的案件数为4937件（见表1）。

表1

| 纠纷类型 | 总案数 | 总案占比（%） | 告知义务案件数 | 同类保险占比（%） | 是否占多数 | 同类案件占比（%） | 是否占多数 |
|---|---|---|---|---|---|---|---|
| 财产险 | 82784 | 45.49 | 4403 | 5.30 | 少数 | 31.52 | 平均 |
| 人身险 | 22197 | 12.20 | 4606 | 20.75 | 多数 | 32.97 | 平均 |
| 其他类1 | 561 | 3.08 | 23 | 4.10 | 少数 | 0.58 | 少数 |
| 其他类（不含） | 75895 | 41.70 | 4937 | 6.50 | 少数 | 35.34 | 平均 |
| 合计 | 181998 | 100 | 13969 | 7.68 | 少数 | 100 | |

表1中的"其他类1"是指财产保险合同纠纷和人身保险合同纠纷与再保险类合同、保险经纪合同、保险代理合同纠纷，进出口信用保险合同纠纷，保险费纠纷；"其他类（不含）"是指保险纠纷中不含财产保险合同纠纷和人身保险合同纠纷与再保险类合同、保险经纪合同、保险代理合同纠纷，进出口信用保险合同纠纷，保险费纠纷的保险纠纷。

通过表1可以看出，在保险纠纷案件中，涉及告知义务的案件占比为7.68%，而人身类案件中涉及告知义务的案件在同类中占比是最高的，高达20.75%。我国投保人告知义务在司法上存在的问题主要集中在违反告知义务的主观认定和是否考虑投保人未告知事项与保险事故之间存在因果关系上。而其他同样不能忽视的问题有投保中的体检问题、询问问题化及保险人自身的调查义务问题。这些问题中，部分是由于立法漏洞产生的问题，部分是审判实践的问题。对这些问题的解决应该区别对待，对症下药。

## 二、投保人告知义务

### （一）告知方式：主动告知走向被动告知

关于告知方式，国际上有两种立法体例，主动告知抑或被动告知。早期保险立法多采用主动告知的模式，要求被保险人在订立合同之前应将其知道或应该知道的一切重要事项告知保险人，如果被保险人未履行该项告知义务，保险人有权解除合同，对于保险事故造成的损失不承担赔偿或给付保险金的责任。立法技术之演进即由"自动申告主义"转为"书面询问主义"，以限制投保人之告知范围。我国保险立法对陆上保险与海上保险的告知方式分别作了不同的规定。①《保险法》第十六条要求投保人就保险标的或者被保险人的有关情况仅对保险人的询问事项履行告知义务，而根据《中华人民共和国海商法》（简称《海商法》）第二百二十二条的规定可知《海商法》保险采用主动告知方式，《保险法》采用被动告知方式。有学者认为，《海商法》如实告知的规定有失公允，应作宽松解释，即投保人只对保险人关于询问事项负如实告知义务。②《英国1906年海上保险法》对告知义务的规定就是佐证。该法第十八条规定，被保险人在订立合同之前应将其知道或应该知道的一切重要事项告知保险人。如果被保险人未履行该项告知义务，保险人即可宣告合同无效。

---

① 《海商法》第二百二十二条规定：合同订立前，被保险人应当将其知道的或者在通常业务中应当知道的有关影响保险人据以确定保险费率或者确定是否同意承保的重要情况，如实告知保险人。保险人知道或者在通常业务中应当知道的情况，保险人没有询问的，被保险人无须告知。

② 尹田：《中国保险市场的法律调整》，北京：社会科学文献出版社，2000年版，第123页。

## (二) 告知范围：无限告知走向有限告知

传统保险法对投保人的告知义务采用的是无限告知主义，又称"自动申告主义"。所谓"无限告知"，是指"要保人应为告知者，不问自己确知与否，皆须尽量告诉保险人，并须与客观存在之事实相符，以便保险人据其告知，以为估计危险之标准。"[1] 保险法从最大善意原则出发，要求投保人履行如实告知义务，以达对价平衡之目的。投保人所应告知、说明的当然是足以影响保险关系的重要事项，其他个人所属之私事自不在说明义务范围之内。[2] 所谓重要事项，即影响谨慎的保险人决定是否承保和确定收取保险费数额的危险情况。保险条款融专业性、复杂性和科学性为一体，如何判断"重要事项"，即使饱学之士，若非专对保险学进行研究，亦恐无法尽窥其貌，作为一般社会公众的投保人更是难以确切了解。故立法者信赖保险人之专业知识及诚信原则，授权其制订询问内容，以为重大事项之推定。[3] 在保险实务中，认定是否属"重要事项"应结合以下三个因素。其一，保险利益情况。投保人或被保险人对于保险标的的爱护程度，与其所具有的保险利益的性质和大小有关，利益薄则爱心淡，而保险人所负担的风险则大；利益厚则爱心重，而保险人所负担的风险则小，此为常理。故保险人在合同订立之际，不仅要求被保险人必须具有保险利益，而且须了解保险利益的来源及多少，无保险利益，合同无效，保险金额超过保险标的实际价值的，为超额保险，超额部分无效，丧失保险利益的，保险合同自动解除。保险利益影响保险合同的效力和内容。其二，保险标的的性质状况。保险标的的性质反映保险标的的风险抵抗能力，影响保险人的责任承担。如建筑物的结构、性能、用途，被保险人的年龄、性别、身体状况等对危险估计举足轻重。其三，保险标的物安全方面的情况。如财产的地理位置、安全措施等。[4] 但对于保险人询问的事项，投保人若能够证明不为重要事项的，可以拒绝告知。否则，任由保险人提出种种无关琐事对投保人

---

[1] 张国健：《保险法》，台北：三民书局，1968年版，第107页。
[2] 江朝国：《保险法论文集（一）》，台北：瑞兴图书股份有限公司，1997年版，第160页。
[3] 江朝国：《保险法论文集（一）》，台北：瑞兴图书股份有限公司，1997年版，第162页。
[4] 江朝国：《保险法论文集（一）》，台北：瑞兴图书股份有限公司，1997年版，第101页。

严加考试,以为试验投保人善意与否之试金石,并同时测验其记忆力以为承保之根据,岂为立法者当初之所愿?[①]

### (三)告知内容:主观告知走向客观告知

如实告知只是对投保人主观上的要求,即只要求投保人把自己知道或应该知道的有关保险标的的危险情况告知保险方,而无法要求其所告知的情况必须与客观事实完全吻合。依各国法律规定,投保人于缔约之际不知危险已发生者,视为未发生;危险已消失者,视为未消灭,保险合同对双方当事人仍具有约束力。此种保险称为"追溯保险"或"无论已否发生损失保险"或"已灭失或不灭失"条款。"已灭失或不灭失"条款原为一保险惯例,适用于海上保险,因为船舶航行于海上,其标的所处情势瞬息万变,在昔日无电讯联系时代实难确定,保险人和投保人在不知道保险标的是否已经灭失的情况下签订的合同为有效合同,保险人必须承担赔偿责任,投保人也必须履行交付保险费的义务。此一惯例今已演进为制定法,并成为保险法不可或缺的内容之一。判断投保人是否履行如实告知义务,不应以其告知的情况与客观事实是否吻合为标准,而应以主观上的认识为依据。虽然客观上属"重要事项",投保人如果主观上无故意或过失,即使告知情况与事实不符,也不构成对告知义务的违反,故学理上将保险合同称为最大诚信合同。

### (四)告知形式:书面告知与口头告知并举

投保人的告知形式是以书面为之还是以口头为之,保险法并无明确规定,保险实务中,二者兼而有之,我国台湾地区"保险法"规定采用书面形式,另有其他国家或地区也采用书面的形式。

### (五)告知主体:被保险人是否应履行告知义务

投保人为保险合同的当事人,作为风险的转嫁者,通常对保险标的的危险情况了如指掌,由其承担据实告知义务固无疑问,所以,各国保

---

[①] 江朝国:《保险法论文集(一)》,台北:瑞兴图书股份有限公司,1997年版,第162页。

险法皆规定投保人负有告知义务。美国保险法理论一般认为，投保人和被保险人均应负告知义务，日本商法典对损失保险和人寿保险分别作了规定，在损失保险中，由投保人负担如实告知义务，而人寿保险中投保人和被保险人都负有如实告知义务。[1] 我国《保险法》（包括台湾地区"保险法"）仅规定了投保人负有告知义务。对此学者认识也有分歧。否定说认为保险法既明文规定投保人为据实告知义务人，不应扩张解释及于被保险人。[2]

被保险人是否属于告知义务的主体，《海商法》与《保险法》的规定各不相同。我国《保险法》第十六条并未明确规定被保险人的告知义务，在第二章"保险合同"第二节"人身保险合同"条款内也并未出现被保险人履行告知义务的要求，在文意内容上均以投保人履行告知义务代替，因此可以理解为《保险法》规定的保险合同内容并无被保险人履行告知义务的强制性规定。但《海商法》明确规定了被保险人为告知主体。

《海商法》第二百一十六条第一款开宗明义地将海上保险合同定义为"海上保险合同，是指保险人按照约定，对被保险人遭受保险事故造成保险标的的损失和产生的责任负责赔偿，而由被保险人支付保险费的合同"。第二百二十二条第一款规定"合同订立前，被保险人应当将其知道的或者在通常业务中应当知道的有关影响保险人据以确定保险费率或者确定是否同意承担的重要情况，如实告知保险人"，该条明确了告知主体为被保险人，而非投保人。同时，《海商法》第二百二十二条第二款规定"保险人知道或者在通常业务中应当知道的情况，保险人没有询问的，被保险人无须告知"。

在这里可以发现《海商法》下的"被保险人"与《保险法》下的"投保人"有相似之处，都具有签订保险合同、支付保险费的义务，如《海商法》第二百六十一条规定："被保险人提出保险要求，经保险人同意承保，并就海上保险合同的条款达成协议后，合同成立。"《保险法》第十条第一款、第二款规定："保险合同是投保人与保险人约定保险权

---

[1] 江朝国：《保险法论文集（一）》，台北：瑞兴图书股份有限公司，1997年版，第122页。
[2] 江朝国：《保险法论文集（一）》，台北：瑞兴图书股份有限公司，1997年版，第76页。

利义务关系的协议。投保人是指与保险人订立保险合同,并按照合同约定负有支付保险费义务的人"这一概念贯穿"海上保险合同"一章的始终。

在财产保险中,被保险人为财产标的之所有权人或权利人,其对标的物的状况知之最详;在人身保险中,投保人和被保险人不为同一人时,被保险人为保险事故的客体,对自己的身体健康状况了解最透彻,从保险契约为最大善意契约的本质而言,被保险人也应负说明义务,以便保险人衡估保险费。

## 三、告知义务的法律性质

### (一) 先合同义务

先合同义务又称"先契约义务",是指当事人为缔约而接触时,基于诚实信用原则而发生的各种说明、告知、注意及保护等义务。[①] 违反它即构成缔约过失责任。因此,先契约义务制度区别于其他义务制度的一个根本特征为义务之履行期间:缔约之际或者说契约成立之前。

### (二) 不真正义务

告知义务在义务层面上的性质:"不真正"义务。一般而言,私法上所谓"义务",有真正义务与不真正义务之分。所谓真正义务,即法律上所课之作为或不作为之拘束。不真正义务又称为间接义务,其主要特征在于权利人通常不得请求履行,违反它也不发生损害赔偿责任,仅使负担该义务的一方遭受权利减损或丧失的不利益。也可以说是一种协助义务。告知义务是保险法为保险人所提供的一种"管理危险"的工具性制度,并非一种"规避危险"的工具性制度,更不是保险人以图推卸保险金给付之责而作"技巧性"乃至"恶意性"抗辩之工具。保险人应摒弃那种"双损"做法,核保时粗心大意,待到被保险人索赔时再指责

---

[①] 王利明:《民法》(第四版),北京:中国人民大学出版社,2008年版,第467页。

被保险人在投保时违反了告知义务;科学的态度应本于诚信,在投保人的协力之下恪尽调查核保之责,以收一种"双赢"。

### (三) 半强制义务

告知义务在规范层面上的性质:"片面"的强行性规定。同样基于保护消费者(投保人)的立法目的,将投保人告知义务认定为半强制义务更为合理。这是因为现今的保险公司与投保人相比,处于明显强势的交易地位,以《保险法》第十六条为投保人设定告知义务的上限为前提,为了保护投保人,该条应该具有强制性或者半强制性,从而避免保险人设定对其有利的合同条款规避《保险法》的约束。不过参考我国台湾地区的做法,"同意保险合同约定有利于投保人或被保险人变更告知义务规定",即将其设定为半强制性的规定,更契合保护消费者的立法精神。[①]

### (四) 单方信息披露义务

告知义务在契约层面上的性质:投保人所告知的重要事实与保险契约的内容有所区别,即后者之功能在于确定保险人之责任时期及范围,于何种情形下为保险给付及其数额之多寡,为保险契约之客体;而前者之功能在于确定保险人承担危险所生之内容,为保险契约之动机、诱因。

## 四、告知义务与危险增加通知义务

关于告知义务是否包括危险增加通知义务,广义说认为告知义务不仅包括投保人在保险合同订立之时所为的披露,还包括在危险程度增加时的通知义务以及危险出现后的及时通知义务,狭义说即特指投保人在签订保险合同之时向保险人所作的披露义务。但我们认为,告知义务制度与危险增加义务有所不同。第一,两者的时间不同。告知义务为先契

---

① 奚晓明:《最高人民法院关于保险法司法解释(二)理解与适用》,北京:人民法院出版社,2013年版,第143~146页。

约义务,在合同缔结之时履行,而通知义务为契约成立后的附随义务,在合同成立后履行,从我国《保险法》第十七条的规定来看,订立保险合同时投保人应履行如实告知义务,显属先契约义务无疑。对于告知时期,各国保险立法原则上也一般规定为"订立保险契约时"。但问题的焦点是所谓"订立保险契约时",是指投保人提出投保申请时,还是指保险人作出承保意思表示前。第二,违反两者的法律后果不同,通知义务为因保险契约效力所生之义务,而告知义务非基于保险契约之效力所生。第三,法规目的不同。告知义务为保险契约成立前的"先契约义务",在于帮助保险人正确地决定是否承保和决定保费,通知义务其制度之功能与效用在于保险合同成立后"估测危险"和控制风险。第四,义务法律来源不同。告知义务是先合同义务,即基于法律的规定而非保险合同的效力产生,而通知义务则是保险合同规定的义务。

## 五、投保人违反告知义务制度

### (一) 违反告知义务的类型及法律后果

投保人违反据实告知义务的类型分为故意隐瞒和过失遗漏两类。过失与故意两者的法律性质迥然,法律后果不同。故意隐瞒是指投保人就其说明义务范围内的事项,明知其情形,而故意不为告知。[①] 此时保险合同的性质属民法上因欺诈所订立的合同,保险人可行使解除权而使合同自始无效,并不退还保险费。保险人不退还保险费应视为对投保人缔约过失的一种经济惩罚,不适用民法上有关解除合同恢复原状的规定。若有未收受之情形者,保险人仍得请求给付,以符合本条惩罚性规定之法义。但此之保险费应仅限于保险人解除契约时该年度之保费而已,解除契约之后之保费虽已预缴,如长期保险契约一次缴费之情形,仍应返还于投保人。投保人的过失行为表现为两种情况:一是对保险标的的有关情况应当向保险人说明,但由于疏忽而没有履行如实告知义务;二是对保险标的的有关危险情况应当了解但由于大意没有了解而未能如实告

---

① 江朝国:《保险法论文集(一)》,台北:瑞兴图书股份有限公司,1997年版,第126页。

知，保险人可以解除保险合同，但应当退还保险费。

投保人故意不履行如实告知义务或过失未履行如实告知义务的事项与保险事故的发生有因果关系的，保险人有权解除合同，不承担赔偿或给付保险金的责任，此为定论。关于违反告知义务与保险事故发生有无直接的因果关系，各国规定不一。因果关系说认为投保人未据实告知或违反据实说明义务的事实，与保险事故的发生具有因果关系者，保险人方得解除合同而免除赔偿义务。

## （二）解除权的行使要件

根据《保险法》第十六条的规定，保险人行使解除权的要件是，投保人有违反告知义务的事实，投保人违反告知义务主观为故意或重大过失，违反告知的事项与保险人评估风险具有因果关系，即如果保险人知道投保人未告知或告知不实的事项就不会承保或以提高保费为条件承保。

## （三）解除权的限制

不可抗辩制度是指法定或约定的可争辩期限届满后，保险公司不得以投保人违反如实告知义务为由，向法院主张撤销或解除保险合同。[1]该制度起初只适用于人身保险合同，在2009年《保险法》修订中，为进一步限制保险人的解除权，才将其纳入投保人告知义务制度。根据《保险法》的规定，自保险合同成立超过两年，保险人不得解除合同。弃权与禁止反言都是源于英美法系的概念，但这两个名词具有较大的差异。弃权是指权利人知道自己享有某种权利，但通过一定的方式向相对人作出其放弃该权利的意思表示。[2]弃权的法律后果是权利人丧失了其放弃的相关权利。而《保险法》上的弃权是指保险人已经意识到其有理由解除保险合同，或者有理由抗辩投保人保单项下的主张时，其通过代

---

[1] 李青武：《〈我国保险法〉不可争辩条款制度：问题与对策机》，载于《民商法学》，2013年第4期。

[2] 肖和保：《保险法诚实信用原则研究》，北京：法律出版社，2007年版，第259页。

理人的行为，明示或默示向被保险人转达其自愿放弃其权利的意思。[1]禁止反言是英美衡平法上的概念。在《保险法》上，禁止反言表现为保险人对某种事实向投保人作出了错误陈述，而该陈述被投保人所信赖，至于如果允许保险人一方不受该种陈述的约束将损害投保人的利益，保险人只能接受其所陈述事实的约束，从而丧失反悔权利的一种情况。[2]

---

[1] 奚晓明：《最高人民法院关于保险法司法解释（二）理解与适用》，北京：人民法院出版社，2013年版，第180~181页。

[2] ［美］约翰·F.道宾：《美国保险法》（第四版），梁鹏译，北京：法律出版社，2004年版，第217页。

# 第四篇
# 证券期货法类理论热点及实务研究

我国证券、期货市场经过多年发展，已经成为社会主义市场经济体系的重要组成部分。证券、期货市场的健康发展离不开法制的规范和保障。但由于部分法律法规滞后于实践要求，一些证券期货法律关系的定性还存在争论，一些法律适用问题还存在不统一等。司法机关在实践中常常会面对一些新的疑难复杂案件，但"不能因为法律没有规定而拒绝对案件的裁判"[①]，故而司法机关有时必须走在法律的前沿。本章选择了证券期货行业近年来引起社会广泛关注和讨论的问题，涉及期货内幕交易、非法期货、场外配资和金融消费者保护四个方面。四个案例的共同点在于，在作出司法裁判时都缺乏较为明确的法律法规，都需要司法机关在裁判中运用专业知识和审判经验去寻求问题的答案。四个案例对我国相关法律纠纷的解决，证券、期货法律法规的完善提供了有益的参考。

---

[①]《法国民法典》第4条。

# 第一章 内幕交易的认定

**理论热点**

内幕交易（insider trading）又叫内线交易、内部人交易或知情人交易，本质上是一种证券欺诈行为。关于内幕交易的认定要素，目前尚未形成统一的观点，但根据证监会对内幕交易案件办理的情况来看，内幕交易案件的认定至少需要考察以下三个要素：内幕信息、内幕人员、内幕交易行为。随着资本市场的不断发展，交易系统、通信手段不断革新，交易方式更加多元化，一些新的交易模式对内幕交易的认定提出了挑战，例如股指期货程序化交易中出现的错单信息。错单信息可能引起公众误导，错单信息的产生者有披露真实信息的义务。并非所有错单信息都会构成内幕信息，只有在满足"非公开性""重大性"的前提下，错单信息方构成内幕信息。预先交易计划构成内幕交易的抗辩，应当满足具体交易时间、交易方式、交易内容等条件。

**案例简介**

2013年8月16日11时05分，某某证券股份有限公司（以下简称某某证券）在进行交易型开放式指数基金（以下简称ETF）申赎套利交易时，因程序错误，其所使用的策略交易系统以234亿元的巨量资金申购180ETF成分股，实际成交72.7亿元。2013年8月16日13时，某某证券称因重大事项停牌。当日14时22分，某某证券发布公告，称"公司策略投资部自营业务在使用其独立套利系统时出现问题"。但在当日13时开市后，某某证券即通过卖空股指期货、卖出ETF对冲风险，至14时22分，卖出股指期货空头合约IF1309、IF1312共计6240张，合约价值43.8亿元，获利74143471.45元；卖出180ETF共计2.63亿份，价值1.35亿元，卖出50ETF共计6.89亿份，价值12.8亿元。

2013年11月1日，被告证监会作出（2013）59号《行政处罚决定书》（以下简称被诉处罚决定），指出"某某证券在进行ETF套利交易时，因程序错误，其所使用的策略交易系统以234亿元的巨量资金申购180ETF成分股，实际成交72.7亿元"（以下简称错单交易信息）为内幕信息。某某证券是《证券法》第二百零二条和《期货交易管理条例》第七十条所规定的内幕信息知情人。上述内幕信息自2013年8月16日11时05分交易时产生，至当日14时22分某某证券发布公告时公开。某某证券于2013年8月16日下午将所持股票转换为180ETF和50ETF并卖出的行为和卖出股指期货空头合约IF1309、IF1312共计6240张的行为构成内幕交易。依据《证券法》第二百零二条和《期货交易管理条例》第七十条的规定，决定对某某证券ETF内幕交易的其他直接责任人员杨某某给予警告，并处以30万元罚款。

原告杨某某不服被诉处罚决定，认为证监会对某某证券对冲行为的定性违法，理由为：

1. 错单交易信息不构成内幕信息。首先，错单交易信息并非与发行人自身相关的信息，不属于内幕信息范畴。根据相关规定，内幕信息是指发行人自身的有关信息或者相关部门制定的政策等影响发行人股票或期货交易价格的信息。无论是发行人自身的相关信息，还是政策性信息，显然均不包括申购者自身因申购行为而产生的信息。就此而言，某某证券因程序错误出现的错单交易信息显然不属于内幕信息。其次，某某证券错单交易出现后，即有诸多媒体及记者获得了该信息，并通过多种方式或渠道予以公开，某某证券的错单交易信息已处于公开状态，不满足内幕信息非公开性要求。因此，该信息并不构成内幕信息，证监会的认定违反了上述规定。

2. 某某证券并未利用错单交易信息从事证券或期货交易活动。依据《证券法》第七十三条和《期货交易管理条例》第七十条的规定，内幕信息知情人只有利用内幕信息从事证券或期货交易方构成内幕交易行为。本案中，某某证券针对上午错单交易采取的对冲措施属于基于市场中性策略型投资的交易原理进行的常规性必然性操作，某某证券并未利用错单交易信息，也不存在谋利的主观目的。因此，某某证券的交易行为不构成内幕交易。

3. 被告认定某某证券的对冲行为构成内幕交易，缺乏法律依据，被告亦未事先制订并公布过相关依据，被告将错单交易信息认定为内幕信息，超越了《中华人民共和国立法法》（以下简称《立法法》）关于法律、行政法规如何解释及解释权限的相关规定，以及《中华人民共和国行政处罚法》（以下简称《行政处罚法》）第三条、第四条关于行政处罚法定和行政处罚公开的基本原则。

被告答辩认为杨某某提出的上诉理由不成立，理由为：

1. 某某证券2013年8月16日因程序错误产生巨额交易的信息构成内幕信息。《证券法》第七十五条第二款第（八）项和《期货交易管理条例》第八十二条第（十一）项明确规定，中国证监会有权认定对证券或者期货交易价格有显著影响的其他重要信息为内幕信息。之所以这样立法，正是因为法律无法用列举的方式穷尽内幕信息的所有方式。本案中，某某证券错单交易信息可能影响投资者判断，对沪深300指数、180ETF、50ETF和股指期货合约价格均可能产生重大影响，同时这一信息在一段时间内处于未公布状态，满足内幕信息重大性和未公开性的构成要件。

2. 在2013年8月16日14时22分某某证券发布公告前相关信息不是法定的公开状态。一是内幕信息的公开方式有明确的法律规范。根据《证券法》第七十条和《上市公司信息披露管理办法》第六条的规定，依法披露信息应于指定媒体发布，同时置于公司住所、证券交易所以供查阅，不得以新闻发布或答记者问等任何形式代替应当履行的报道、公告义务。二是"某某证券乌龙指"仅是市场诸多传闻之一，且某某证券董秘对此予以否认。三是事发当日13时某某证券紧急停牌，14时22分发布公告，内幕信息才予以公开。在公告公开之前，市场上有关"错单交易"的消息报道是一种传闻，且不符合信息披露的法律要求，不能视为内幕信息已公开。

3. 某某证券当日下午的交易不构成内幕交易的豁免情形。一是某某证券的相关行为不构成按照事先订立的书面合同、指令、计划从事相关证券、期货交易的情形。二是中性策略是一种交易策略,行为人在从事相关策略的交易过程中,应当遵守相关法律法规、监管要求及自律组织的业务规则,不得以中性策略为由,从事违法违规交易行为,不得损害广大投资者的合法权益。某某证券基于内幕信息优势,在内幕信息公开前进行对冲交易,侵害了广大不知情投资者的合法权益,具有内幕交易的主观故意,符合法定的内幕交易构成要件。

## 审理结果

某市中级人民法院认为:

一、本案的错单交易信息产生于证券市场,虽然《证券法》第七十五条第二款明确列举的内幕信息主要是与发行人自身相关的信息,但该法第七十五条第二款第(八)项规定,内幕信息包括国务院证券监督管理机构认定的对证券交易价格有显著影响的其他重要信息。内幕信息并不限于与发行人自身相关的信息,也应包括对公司证券的市场价格有重大影响的交易信息。进一步考虑到大盘指数与公司证券价格之间的紧密的关联性,对大盘指数产生重大影响的交易信息亦应属于《证券法》所指对公司证券的市场价格有重大影响的内幕信息范畴。就期货市场而言,《期货交易管理条例》对内幕信息给予了明确的定义,即内幕信息是指可能对期货交易价格产生重大影响的尚未公开的信息。本案中,某某证券当日上午的错单交易对沪深300指数、180ETF、50ETF和股指期货合约价格均产生重大影响,被告据此将错单交易信息认定为内幕信息,并未超出《证券法》《期货交易管理条例》对内幕信息定义的范畴。

二、内幕信息以媒体揭露的方式公开应至少满足三个要件:第一,相关媒体报道能够为市场主体所广泛周知;第二,媒体所揭露的信息具有完整性,即已经包含内幕信息的主要内容,从而使理性的市场主体能够就其可能产生的市场影响进行综合判断;第三,理性的市场主体能够相信相关媒体揭露的信息具有可靠性。本案中,原告所主张的相关网络媒体关于错单交易信息的报道对市场主体来说不能满足可靠性的要求。因此,原告关于错单交易信息在某某证券当日下午对冲交易开始之前已经公开的主张不能成立。

三、某某证券当日下午的对冲交易是否利用了错单交易信息。在内幕交易案件中，交易者知悉内幕信息后实施了相关的证券期货交易行为，原则上即应推定其利用了内幕信息，从而具有内幕交易的主观故意。如果该交易行为系基于内幕信息形成以前即已经制订的投资计划和指令所作出，足以证明其实施的交易行为确与内幕信息无关，可以作为内幕交易的抗辩事由。但是，能够作为抗辩事由的既定投资计划和指令，应当是在内幕信息形成以前已经制订，并包含了交易时间、交易数量等具体交易内容，且在实施的过程中没有发生变更，方能体现其交易行为没有对内幕信息加以利用。本案中，某某证券当日下午的对冲交易是在其因错单而建立了巨额多头头寸的情况下，同时在证券市场卖出和在期货市场做空的单边对冲交易，其利用了内幕信息对市场可能产生的单边影响，不能构成内幕交易的抗辩事由。

法院认为，正如被诉处罚决定所注意到的，本案是我国资本市场上首次发生的新型案件。被告为维护资本市场秩序，保护投资者合法权益，结合本案具体案情，将某某证券于当日下午实施的对冲交易认定为内幕交易并对原告作出行政处罚，不违反《证券法》及《期货交易管理条例》关于维护资本市场秩序以及保护投资者合法权益的基本精神。依照最高人民法院《关于执行〈中华人民共和国行政诉讼法〉若干问题的解释》第五十六条第（四）项之规定，驳回原告杨某某的诉讼请求。

一审判决作出后，杨某某不服，向北京市高级人民法院提起上诉。

某市高级人民法院经审理后认为：

一、《证券法》第七十五条第二款在列举与发行人自身相关的信息为内幕信息后，明确规定内幕信息还包括国务院证券监督管理机构认定的对证券交易价格有显著影响的其他重要信息。由此可见，内幕信息的认定必须是对证券市场价格有重大影响且尚未公开的信息，法律上并未明确限定于与发行人自身相关的信息。就期货市场而言，《期货交易管理条例》第八十二条第（十一）项规定，内幕信息是指可能对期货交易价格产生重大影响的尚未公开的信息。中国证监会根据《证券法》第七十五条第二款第（八）项和《期货交易管理条例》第八十二条第（十一）项的规定，认定对证券市场和期货市场交易价格有重大影响且未公开的错单交易信息为内幕信息，并不违反《证券法》《期货交易管理条例》关于内幕信息界定的范畴。

二、某某证券于事发当日下午发布公告之前，21世纪网等相关媒体报道并未准确指明报道的信息来源且还存在诸多传闻和推测，但市场主体据此尚无法确信相关内容的准确性和可靠性，因此，对原告事发当日下午对冲交易开始之前已经被媒体披露从而处于公开状态的主张不予支持。

三、某某证券在错单交易信息形成之后，直接针对该错单交易采取的对冲风险行为，并非基于内幕信息形成之前既定的投资计划、指令所作出的交易行为。中国证监会认定该行为构成《证券法》第二百零二条和《期货交易管理条例》第七十条第一款所述内幕交易行为并无不当。依据《中华人民共和国行政诉讼法》第八十九条第一款第（一）项的规定，判决驳回上诉，维持一审判决。

### 法理评析

本案是我国资本市场上首次发生的新型案件，对于新型证券、期货市场内幕交易行为的认定以及内幕交易监管法规的完善有着重要的影响。尽管学界对内幕交易的构成要件有不同看法，但从《证券法》第七十三条[1]和《期货交易管理条例》第七十三条[2]的规定来看，内幕交易的构成要件至少包含以下三个要素：内幕信息、内幕人员、内幕交易行为。要准确定性某某证券行为的性质，确定其法律责任，需要解决以下三个核心问题：

---

[1] 《证券法》第七十三条规定：禁止证券交易内幕信息的知情人和非法获取内幕信息的人利用内幕信息从事证券交易活动。

[2] 《期货交易管理条例》第七十三条规定：期货交易内幕信息的知情人或者非法获取期货交易内幕信息的人，在对期货交易价格有重大影响的信息尚未公开前，利用内幕信息从事期货交易，或者向他人泄露内幕信息，使他人利用内幕信息进行期货交易的，没收违法所得，并处违法所得1倍以上5倍以下的罚款；没有违法所得或者违法所得不满10万元的，处10万元以上50万元以下的罚款。单位从事内幕交易的，还应当对直接负责的主管人员和其他直接责任人员给予警告，并处3万元以上30万元以下的罚款。

## 一、错单交易信息是否属于内幕信息

无论是内幕知情人的认定还是内幕交易行为的界定，都以内幕信息为基础，内幕信息是内幕交易认定的核心。

### (一) 错单信息是否属于"尚未公开"

虽然从规定上来看，《证券法》和《期货交易管理条例》对内幕信息的界定略有不同，但二者都强调"尚未公开"，可见"未公开性"是界定内幕信息的一个关键因素。

原告认为本案错单交易信息在事发当日下午对冲交易开始之前已经被媒体披露从而处于公开状态。一审法院认为内幕信息以媒体揭露的方式公开至少满足三个要件：第一，相关媒体报道能够为市场主体所广泛周知；第二，媒体所揭露的信息具有完整性，即已经包含内幕信息的主要内容，从而使理性的市场主体能够就其可能产生的市场影响进行综合判断；第三，理性的市场主体能够相信相关媒体揭露的信息具有可靠性。本案中原告所主张的相关网络媒体关于错单交易信息的报道对市场主体来说不能满足可靠性的要求，不能形成相互佐证的关系从而使市场主体相信其内容真实可靠，因此原告关于错单交易信息在某某证券当日下午对冲交易开始之前已经公开的主张不能成立。

根据《证券法》第七十条和《上市公司信息披露管理办法》第六条的规定，依法披露信息应于指定媒体发布，同时置于公司住所、证券交易所以供查阅，不得以新闻发布或答记者问等任何形式代替应当履行的报道、公告义务。某某证券于事发当日下午发布公告之前21世纪网等相关媒体报道并不满足法定信息披露的形式。同时，这些媒体报道也未准确指明报道的信息来源，还存在诸多传闻和推测，市场主体据此尚无法确信相关内容的准确性和可靠性，因此，错单信息并未处于法律认可的公开状态。

## (二) 错单信息是否有法律规定的"重大影响"

### 1.《证券法》视角

从《证券法》第七十五条第一款的规定来看，内幕信息除"尚未公开"外还有"涉及公司的经营、财务"或"对该公司证券的市场价格有重大影响"等因素。显然某某证券错单信息不涉及某某证券或某公司的经营、财务信息，也不属于对该公司证券的市场价格有重大影响的信息。但根据第七十五条第二款第（八）项的规定内幕信息还包括"国务院证券监督管理机构认定的对证券交易价格有显著影响的其他重要信息"。

本案的重要争议点之一就在于证监会是否可以依职权将"对大盘指数、ETF合约、股指期货合约价格产生重大影响的交易信息"认定为《证券法》第七十五条规定的"对证券交易价格有显著影响的其他重要信息"。

二审法院认为《证券法》第七十五条第二款在列举与发行人自身相关的信息为内幕信息后，明确规定内幕信息还包括国务院证券监督管理机构认定的对证券交易价格有显著影响的其他重要信息。法律上并未明确限定于与发行人自身相关的信息。中国证监会认定对证券市场和期货市场交易价格有重大影响且未公开的错单交易信息为内幕信息，并不违反《证券法》《期货交易管理条例》关于内幕信息界定的范畴。

笔者认为虽然《证券法》第七十五条第二款第（八）项规定了内幕信息还包括"国务院证券监督管理机构认定的对证券交易价格有显著影响的其他重要信息"，但从逻辑上看，第二款的列举应当是在第一款内幕信息概念的内涵界定范围之内。从第一款的规定来看，内幕信息应当具有公司的关联性、价格影响性和未公开性。也就是说国务院证券监督管理机构的自由裁量也应当考察与公司的关联性，直接突破与"公司"的关联性，将内幕信息的范围扩展到"公司"外部的"大盘指数、ETF合约价格"，法理依据略显不足。

笔者认为某某证券错单交易行为本身并不违法，其违法性在于某某证券错单交易对证券市场造成的混乱和对投资人形成的误导，某某证券应当有义务对公众进行披露。但某某证券却在信息披露前，利用错单信息进行了对冲避损,该行为明显违背公平交易原则。证监会肩负着维护市场公平、公开、公正的职责,面对我国资本市场上首次发生的新型案件和相关法律制度的现状,不得不在执法中对现行规定有所突破。

2.《期货交易管理条例》视角

《期货交易管理条例》第八十二条第十一款规定,内幕信息是指可能对期货交易价格产生重大影响的尚未公开的信息,包括:国务院监督管理机构以及其他相关部门制定的对期货交易价格可能发生重大影响的政策,期货交易所作出的可能对期货交易价格发生重大影响的决定,期货交易所会员、客户的资金和交易动向以及国务院期货监督管理机构认定的对期货交易价格有显著影响的其他重要信息。从《期货交易管理条例》的规定来看,期货内幕交易并没有局限在发行人的内部信息。某某证券事发当日上午因程序错误以234亿元的巨量资金申购180ETF成分股,实际成交72.7亿元,可能影响投资者判断,对股指期货合约价格产生重大影响。

综上所述,在期货市场中,错单信息的定性有《期货交易管理条例》可依,但在证券市场中将错单信息定性为内幕信息,在目前的《证券法》框架下尚存在逻辑上的不足,有必要进一步完善立法,以应对市场的新问题。

## 二、某某证券是否属于内幕人员

内幕人员是内幕交易的主体要件,是内幕交易的核心要素之一。被诉行政处罚决定书指出"某某证券自身就是信息产生的主体,对内幕信息知情",但并没有阐述某某证券是内幕信息知情人的逻辑推论过程,一、二审法院也没有对此进行充分的阐释。

从《证券法》来看,其第二百零二条规定了内幕信息的责任主体包括"证券交易内幕信息的知情人或者非法获取内幕信息的人"。首先,某某证券产生错单,有其内部控制失效和经营管理混乱的原因,但难谓其属于非法获取内部信息的人。其次,《证券法》第七十四条对证券交易内幕信息的知情人进行了列举加兜底,某某证券显然不属于前第(六)款规定的内幕信息知情人。但第(七)款规定"国务院证券监督管理机构规定的其他人",也就是说证监会可以对内幕信息知情人进行"规定",目前证监会具体涉及内幕信息知情人的规定主要有《关于上市公司建立内幕信息知情人登记管理制度的规定》(证监会公告〔2011〕30号)、《证券市场内幕交易行为认定(试行)》(证监稽查字〔2007〕1号)等,其中《证券市场内幕交易行为认定(试行)》第六条对内幕知情人的范围进行了补充,且不论《证券市场内幕交易行为认定(试行)》的法律层级,即使以此规定作为认定依据,被诉处罚决定书也应当明确予以说明。

从《期货交易管理条例》来看,《期货交易管理条例》第八十二条第(十二)款规定:"内幕信息的知情人员,是指由于其管理地位、监督地位或者职业地位,或者作为雇员、专业顾问履行职务,能够接触或者获得内幕信息的人员,包括:期货交易所的管理人员以及其他由于任职可获取内幕信息的从业人员,国务院期货监督管理机构和其他有关部门的工作人员以及国务院期货监督管理机构规定的其他人员。"

可见,《证券法》和《期货交易管理条例》都对内幕信息知情人员作了规定,"内幕信息知情人员"是一个法定的概念,并非任何知悉内幕信息的人都可以构成内幕信息知情人员,因此,被诉处罚决定书还欠缺一个逻辑推论过程。

## 三、某某证券案发当日下午的对冲交易是否构成对内幕信息的利用

内幕交易案件中交易者知悉内幕信息后实施了相关的证券期货交易行为,原则上即应推定其利用了内幕信息,从而具有内幕交易的主观故意。被推定者承担证明自己未利用内幕信息交易的举证责任。本案中,原告提出的抗辩事由为该交易行为系基于内幕信息形成以前即已经制订的投资计划和指令所作出。因此,该争议焦点实际是预先形成的投资计划和指令是否可以作为抗辩事由。

笔者认为,若交易行为系基于预先制订的投资计划或指令作出,并且足以证明其实施的交易行为确与内幕信息无关,那么预先计划和指令是可以作为内幕交易的抗辩事由的。但本案中,虽然某某证券《策略投

资部业务管理制度》规定，当出现因系统故障等原因而导致交易异常，应考虑采用合适的对冲工具（包括但不限于股指期货、ETF等），及时控制风险，进行对冲交易，以保证部门整体风险敞口处于可控范围，保持市场中性，但上述规定并无具体的交易内容，未包含交易时间、交易数量等具体交易内容，不足以构成既定投资计划和指令，不足以形成抗辩。

综上所述，该案在我国资本市场具有典型意义，对现行内幕交易认定法律法规提出了挑战，证监会对于某某证券的处罚维护了交易公平原则，但也反映出我国证券期货内幕交易法制的缺陷。为切实打击内幕交易等妨碍市场健康发展、损害资本市场投资者利益的违法违规行为，完善法制势在必行。

**理论探讨**

随着资本市场的不断发展，交易系统、通信手段的不断革新，内幕交易表现出更为隐蔽、复杂的特征，借鉴其他国家内幕交易认定的经验对于完善我国内幕交易法律法规、打击违法违规行为颇有益处。笔者认为如下几个方面的问题值得探讨。

## 一、内幕信息认定

内幕信息的特征是内幕信息认定的核心。关于内幕信息的特征，有学者认为是非公开性、价格敏感性[1]，也有学者认为是与特定公司关联性、重大性、未公开性[2]，中国证监会根据法律法规的规定，在长期的执法实践中，总结出了内幕信息的两大特征：重大性和非公开性。

重大性的"重大"如何理解，一般有两种标准："理性投资人"标准和"市场反应"标准。"理性投资人"标准是指如果一个理性的投资

---

[1] 李西臣：《错单交易信息何以成为内幕信息？——析证监会处罚光大证券"乌龙指"案》，载于《兰州学刊》，2016年第5期。

[2] 熊锦秋：《巨量交易错单是否属内幕信息》，证券时报网，http://epaper.stcn.com/paper/zqsb/html/2014-04/08/content_561827.htm，访问时间：2016年12月3日。

人认为一个事项会影响其投资决策,则该事项具有重要性。"市场反应"标准是指如果一个事项的披露会使相关证券价格发生较大变化,则该事项具有重大性。[①] 在美国,重大性称为"实质性"(materiality),由其判例法确立,判例指出实质性是指一项信息具有左右理性投资者交易决策的现实可能性。在欧盟,"重大性"(significant)以"价格敏感性"为主要标准,指信息公开前后的证券价格应显著不同,或者说信息的公开对交易价格产生的影响必须是重大的,该重大影响只需具有发生的可能性,而不必是实际存在或确定会发生的。按照《证券法》和《期货交易管理条例》的规定,我国目前对于"重大性"的理解侧重于"市场反应",一般以消息对股票、期货价格的显著影响力作为判断标准。

对于非公开性的认定,有几种不同的思路:一种认为"公布即公开",例如德国1994年《内幕交易法》规定信息在大众类报刊上刊登即为公开;一种认为"公布且被市场消化"即公开,例如美国1934年《证券交易法》规定信息被一般投资者群体消化吸收为已公开;一种认为达到指定条件的公开方为公开,例如日本《证券交易法》规定在两个以上媒体公开数小时后为公开。我国依照信息披露的相关法律法规进行披露之时才算公开。

笔者认为我国内幕信息的认定规则还需要进一步完善,以更好地为新型内幕交易案件(例如突破公司"内部信息"的内幕信息的认定)提供法律依据。

## 二、内幕信息知情人的认定

美国法律中对内幕人的定义非常广泛,包括公司的董事、监事、高管及其合伙人、受托人;拥有10%以上股份的股东及其合伙人、受托人;公司雇员和上述人员的配偶、直系血亲和家庭信托人;推定内幕人(Constructive Insiders),包括任何通过履行职务知悉内幕消息的公司外人士;信息泄露人(Tipper)和泄露知悉人(Tippee);盗用信息者。

---

[①] 王瑞丰、李俊芳:《我国证券内幕交易规制改进探析——基于〈证券法〉修订的思考》,中国证券业2014年论文集。

另外，1988年《内幕交易与证券欺诈强制法》还明确规定了上市公司有义务禁止其雇员进行内幕交易，即上市公司"控制人"（包括雇员、经理等）应积极地管理其下属防止从事内幕交易，否则对"控制人"处以高达100万美元或3倍于利润或所避免之损失的罚款。[①] 我国的内幕信息知情人范围还有待完善，同时还需进一步考虑《证券法》和《期货交易管理条例》的衔接。

### 三、内幕交易的抗辩事由

我国关于内幕交易抗辩事由的法律法规较为欠缺，2012年3月，最高人民法院和最高人民检察院联合颁布的《最高人民法院和最高人民检察院关于办理内幕交易、泄露内幕信息刑事案件具体应用法律若干问题的解释》规定了不属于《刑法》第一百八十条第一款规定的从事与内幕信息有关的证券和期货交易的情形。《证券市场内幕交易行为认定（试行）》第十九条也规定了"不构成内幕交易的情形"，但上述规定都较为原则和笼统，而且一个仅针对刑事领域，一个法律层级较低，不能为内幕交易的认定提供清晰明确的依据。美国证监会为避免内幕交易打击范围过大，制定了RULE10B5-1等规定，为行为人设置了免责抗辩条款。建议我国在吸收借鉴域外经验的基础上，进一步完善相关认定要素，细化抗辩事由规则。

---

[①] 中国青年网：《浅析美国反内幕交易法规和司法实践》，http://d.youth.cn/sk/201501/t20150116_6412706.htm，访问时间：2016年12月3日。

# 第二章　非法期货交易合约的效力认定

### 理论热点

　　新旧《期货交易管理条例》对于非法期货行为的界定有所不同，反映了立法对现实争议问题的回应。何谓非法期货？其涵盖哪些行为？效力该如何认定？这些问题不仅关系到各个商品现货交易场所的法律定位，还影响市场参与者的合法权益。对于非法期货及非法期货合约效力的认定，司法实践中历来有不同的观点。按照《期货交易管理条例》以及国务院、证监会的相关文件规定，非法期货交易认定主要考察交易目的、交易形式两个要件。但是，这个尚不够明确的标准在现实中遇到了诸多的问题，司法机关在裁判中对这个认定标准的采纳程度直接影响了对案件的裁判。《期货交易管理条例》第四条、第六条对非法期货交易进行了明确的禁止性规定，因此《期货交易管理条例》上述条文是否属于效力强制性规定直接决定了非法期货交易合约的效力。

### 案例简介

　　昆明某某贵金属贸易有限公司（以下简称昆明某某贸易公司）经昆明经济技术开发区管理委员会批准于2012年5月30日成立，昆明某某交易所经昆明经济技术开发区管理委员会批准于2011年5月12日成立。国务院颁发《国务院关于清理整顿各类交易场所切实防范金融风险的决定》（国发〔2011〕38号文件）后，云南省相关部门即组织对该省内包括昆明某某交易所在内的交易场所进行清理整顿。昆明某某交易所现仍在清理整顿中。昆明某某贸易公司系昆明某某交易所会员单位。

2013年10月23日，昆明某某贸易公司作为甲方与鞠某某作为乙方签订《客户协议书》，该协议书的主要内容由"风险揭示书""客户协议书""昆明某某交易所开户申请表""客户调查表""投资者确认函""投资者须知"共六部分组成。

一审原告鞠某某认为：昆明某某交易所未经国家批准私自开设非法贵金属期货交易平台、昆明某某贸易公司与客户从事非法贵金属期货经营、建设银行涪陵分行为此类非法交易提供交易席位和未尽安全保障义务，均违反法律强制性规定。并以此为由诉至一审法院，请求法院确认《客户协议书》无效，判令昆明某某贸易公司与昆明某某交易所共同返还投资款。

被告昆明某某贸易公司一审辩称：我公司与鞠某某的交易标的与期货交易的交易标的不同，交易方式也不属于集中竞价、电子撮合、匿名交易和做市商，故我公司与鞠某某的交易行为属于贵金属现货交易。人民法院无权对现货市场中的非法期货交易进行认定。我公司与鞠某某签订的《客户协议书》系双方真实意思表示，没有违反法律、行政法规的强制性规定，合法有效。鞠某某要求我公司返还其在交易过程中产生的亏损于法无据，请求驳回鞠某某的诉讼请求。

## 审理结果

一审法院认为：违反法律、行政法规的强制性规定的合同应属无效。从双方当事人提交的证据分析，昆明某某交易所交易的并非白银现货而是以白银为基础设计的合约，这种合约实际脱离现货而独立存在，其交易也是以集中竞价、电子撮合、匿名交易的形式进行，这种交易应属于典型的非法、变相期货交易，并且其交易保证金只需交易标的的10%左右，远低于合法期货的保证金缴纳比例。《国务院关于清理整顿各类交易场所切实防范金融风险的决定》（国发〔2011〕38号文件）指出，除依法经国务院或国务院期货监管机构批准设立从事期货交易的交易场所外，任何单位一律不得以集中竞价、电子撮合、匿名交易、做市商等集中交易方式进行标准化合约交易。昆明某某交易所不能证明该交易所进行的白银现货电子交易符合法律、法规的规定，并非期货交易。综上，鞠某某与昆明某某贸易公司、昆明某某交易所进行的白银现货交易应属变相期货范畴，鞠某某与昆明某某贸易公司签订的《客户协议书》违反行政法规的强制性规定，应属无效协议。

一审判决作出后，昆明某某贸易公司不服一审判决，提起上诉。

二审法院认为：

第一，目前无任何法律法规规定，对非法期货交易的认定应由行政机关先行认定，故人民法院有权依法对包括本案非法期货在内的事实作出认定和裁决。

第二，认定商品现货市场的非法组织期货交易行为应采取形式要件和目的要件相结合的方式。形式要件具有如下特征：（一）交易对象为标准化合约，（二）交易方式为集中交易。从昆明某某交易所的交易规则可以看出，本案中的具体交易价格是交易时昆明某某交易所会员单位提供的实时价格。故本案的交易对象是以"贵重金属"为名的标准化合约。从交易的方式分析，客户只要通过昆明某某交易所的审核，即可在昆明某某交易所开设的网络交易平台开户，向昆明某某交易所指定的账号汇入一定数量的资金作为买卖的保证金，与昆明某某交易所的会员单位开展交易。就单独客户而言，客户与昆明某某交易所的会员单位是一对一的交易，但昆明某某交易所的会员单位通过发展客户的方式，同时与众多客户开展了买、卖行为，该交易方式实际上构成了做市商机制。本案交易实行保证金制度、限仓制度、强行平仓制度、当日无负债结算制度、风险预警制度等，结合鞠某某的交易明细表可以看出，客户交易并非全额付款，而是只缴纳商品价值的一定比率作为保证金即可买入或者卖出，在本案的所有交易中始终没有实物交割，均可通过平仓与建仓相反的操作了结合同义务。这充分说明交易行为之目的并非转移现货白银的所有权，而是通过价格涨跌获得利润，与现货交易存在本质差别。同时，昆明某某交易所、昆明某某贸易公司均无组织或从事期货交易的相关资质。故本案交易行为的性质实为非法期货交易行为。

第三，《中华人民共和国合同法》第五十二条第一款第（五）项规定："违反法律、行政法规强制性规定的，合同无效。"期货交易具有特殊的金融属性和风险属性，直接关系到国家经济金融安全和社会稳定。

《期货交易管理条例》的主要立法宗旨在于通过调整期货交易行为，规范市场运行、保护投资者合法权益、防范系统性风险、促进国民经济发展。期货交易场所作为为所有市场参与者提供平等、透明的交易机会，进行有序交易的平台，具有较强的社会性和公开性，更加需要依法规范管理，确保安全运行。虽《期货交易管理条例》第四条、第六条未载明违反其规定将导致合同无效或不成立，但若违反上述规定而设立的交易场所开展期货交易不受监管，投资者资金安全和投资利益均无法得到有效保护，极易引发金融风险，甚至影响社会稳定，有损国家利益和社会公共利益。因此，《期货交易管理条例》第四条、第六条的规定属于效力强制性规定，违反该规定的合同应当无效。本案中《客户协议书》的内容明显违反《期货交易管理条例》第四条、第六条的规定，应属无效。

### 法理评析

本案一审、二审都确认了鞠某某与昆明某某贸易公司签订的《客户协议书》因违反《期货交易管理条例》的效力强制性规定而无效，但一审和二审对该案涉及的交易行为的认定略有不同。一审认为本案的交易行为属于典型的非法、变相期货交易，二审认为本案的交易行为的性质为非法期货交易行为。对于非法期货交易目前并没有准确的定义，本案中讨论的主要是商品现货市场非法期货交易，是指未经期货监督管理部门的批准，假借现货交易或者其他交易形式的名义，实际采用期货交易机制的违法交易行为，包括《期货交易管理条例》第七十五条规定的"非法组织期货交易活动"和"擅自从事期货业务"等情形。本案涉及三个争议点：一是涉案交易行为是否构成非法期货交易，二是司法机关是否有权直接认定非法期货交易，三是本案中的《客户协议书》是否有效。

## 一、涉案交易行为是否构成非法期货交易[①]？

关于非法期货交易认定的法律依据目前尚不完善，实践中主要援引的是《期货交易管理条例》、《商品现货市场交易特别规定（试行）》（以下简称特别规定）、《国务院关于清理整顿各类交易场所切实防范金融风险的决定》（以下简称国发〔2011〕38号文）、《国务院办公厅关于清理整顿各类交易场所的实施意见》（以下简称国发〔2012〕37号文）以及证监会《关于做好商品现货市场非法期货交易活动认定有关工作的通知》（以下简称证监办发〔2013〕111号文）。

从上述规定来看，要认定某个交易行为是否构成非法期货交易至少需要考察以下四个要素：前置审批、交易目的、交易对象、交易方式。

### （一）前置审批

《期货交易管理条例》第四条规定，期货交易应当在依照本条例第六条第一款规定设立的期货交易所、国务院批准的或者国务院期货监督管理机构批准的其他期货交易所进行。禁止在前款规定的期货交易所之外进行期货交易。第六条规定，设立期货交易所，由国务院期货监督管理机构审批。未经国务院批准或者国务院期货监督管理机构批准，任何单位或者个人不得设立期货交易场所或者以任何形式组织期货交易及其相关活动。可见，未经国务院期货监督管理机构的批准是非法期货交易违法性的基本依据。显然，昆明某某贸易公司及昆明某某交易所未获得证监会的批准设立期货交易场所或以任何形式组织期货交易及其相关活动。

### （二）交易目的

根据证监会111号文，非法期货交易主要是以标准化合约为交易对

---

[①] 2012年10月24日《国务院关于修改〈期货交易管理条例〉的决定》（国务院令第627号）删除了《期货交易管理条例》关于"变相期货交易"的规定，因此，关于"变相期货交易"的规定不能作为本案交易行为性质认定的依据。二审法院也否定了一审法院关于变相期货的认定，故此处只讨论"非法期货交易"。

象，允许交易者以对冲平仓方式了结交易，而不以实物交收为目的或者不必交割实物。本案中昆明某某交易所的交易参与者可以通过反向操作、对冲平仓了结合同义务，可以不实际进行交割，符合非法期货交易的目的要件。

（三）交易对象

根据《期货交易管理条例》第二条的规定，期货交易的对象是期货合约或期权合约。期货合约是指期货交易场所统一制定的、规定在将来某一特定的时间和地点交割一定数量标的物的标准化合约。期权合约是指期货交易所统一制定的、规定买方有权在将来某一时间以特定价格买入或者卖出约定标的物的标准化合约。"标准化"是期货合约的主要特征。根据证监会111号文的规定，所谓标准化合约是指除价格、交货地点、交货时间等条款外，其他条款相对固定的合约。

从昆明某某交易所的交易规则来看，除价格、交易数量等因素外，其交易品种、最小变动单位、交易时间、报价单位、最小变动、延期费、实物交收方式、实物交收时间等合约要素在具体交易前已预先确定好，昆明某某贸易公司抗辩其协议未约定标的物何时、何地交割，不同于期货合约的交货时间、地点是预先设定的，故其交易对象同期货合约不同。笔者认为即使本案中交易标的的要素不完全等同于《期货交易管理条例》中期货合约的界定要素，但不能否认本案中的交易标的具有"标准化"的特征。"标准化"是期货交易标的的主要特征，但随着现货交易场所的不断发展，一些合法现货交易场所的交易标的也逐步体现出"标准化"的特征，因此要判断一个交易行为是否属于非法期货，还需要考察其他交易特征。昆明某某交易所的交易采取保证金的方式，采用当日无负债结算制度（T+0），交易参与者可以通过反向操作、对冲平仓了结合同义务，在交易对象的特征上也符合非法期货交易的特征。

（四）交易方式

期货交易的另一特点是采用集中交易的方式。证监会111号文指出，所谓集中交易是指由现货市场安排众多买方、卖方集中在一起进行交易（包括但不限于人员集中、信息集中、商品集中），并为促成交易提供各种设施及便利安排。集中交易又可细分为集合竞价、连续竞价、电子撮合、匿名交易、做市商机制等交易方式。其中做市商机制是指具备一定实力和信誉的法人、其他经济组织等，不断地向买卖双方提供报价，并按照自身提供的报价付出资金或商品与之成交，从而为市场提供即时性和流动性，并通过买卖价差获取利润而形成的交易制度。昆明某某交易所参照某些基数提供交易价格，交易双方无法按照各自的心理报价达成交易。对单一交易参与者而言，其与昆明某某交易所会员单位的交易是一对一的，但昆明某某交易所的会员单位通过发展客户，同时与众多客户开展买卖交易，故昆明某某交易所的交易方式具有做市商机制的特征。虽然做市商机制并非期货市场的独有机制，但由于做市商买卖商品的目的并不是获取商品的所有权，而主要是低买高卖，提供流动性，与现货交易的初衷完全不符，因此做市商机制不宜作为现货市场的交易制度，在现货市场中被禁止。

综上所述，昆明某某交易所未经期货监督管理机构批准，擅自组织昆明某某贸易公司与原告进行实质性期货交易。

## 二、司法机关是否有权直接认定非法期货交易

昆明某某贸易公司抗辩称《商品现货市场交易特别规定（试行）》第二十条规定国务院期货监督管理机构派出机构负责商品现货市场非法期货交易活动的认定等工作，人民法院无权对现货市场中的非法期货交易进行认定。笔者认为《商品现货市场交易特别规定（试行）》第二十条属于授权性条款，授权证监会派出机构可以对非法期货进行认定，但并未规定行政机关的认定是司法裁判的前置程序。人民法院有权在案件办理中对非法期货交易进行直接认定。

## 三、本案中的《客户协议书》是否有效

虽然《期货交易管理条例》第四条、第六条未载明违反其规定将导致合同无效或不成立，但笔者认为上述规定属于效力强制性规定。

首先,《最高人民法院关于适用〈中华人民共和国合同法〉若干问题的解释(一)》[以下简称《合同法司法解释(一)》]第四条规定:"合同法实施以后,人民法院确认合同无效,应当以全国人大及其常委会制定的法律和国务院制定的行政法规为依据,不得以地方性法规、行政规章为依据。"《期货交易管理条例》属于行政法规,可以作为判定合同无效的依据。

其次,如果继续履行非法期货交易合同势必会损害国家、集体、第三人利益及社会公共利益。

最后,《期货交易管理条例》的宗旨是为了规范期货交易行为,加强对期货交易的监督管理,维护期货市场秩序,防范风险,保护期货交易各方的合法权益和社会公共利益,促进期货市场积极稳妥发展,如果不否定非法期货交易合同的有效性则可能会对正规的期货市场秩序造成影响,损害交易参与者的合法权益,引发风险外溢。

因此,《期货交易管理条例》第四条、第六条的规定属于效力性强制性规定,违反上述规定的合同属于《合同法》第五十二条第一款第(五)项规定的违反法律、行政法规强制性规定的合同,非法期货交易合同无效。

### 理论探讨

期货交易的界定标准关系到非法期货交易的认定,关系到现货交易平台[①]、中远期交易场所、场外衍生品市场等众多主体的法律地位。目前《期货交易管理条例》对期货交易的界定主要集中在交易机制上,由于期货交易的部分机制并非期货交易独有,因此目前的认定标准尚不能充分有效地解决非法期货交易的认定和处理问题。美国CFTC和法院在案件和判例中逐步发展出一套区分期货和远期合约的判断标准,对于完善我国非法期货交易活动的认定标准有一定的借鉴意义。

---

① 据了解目前全国有运营资质的现货期货交易平台一共有600多家。参见新浪财经:《大宗商品交易市场遭整顿:白银首当其冲》,http://finance.sina.com.cn/money/nmetal/20140617/024219430246.shtml,访问时间:2016年12月10日。

## 一、全面审查原则

全面审查原则是指对每项交易和合约进行全面实质性判断，每一种因素都不具有决定性，而需要综合以后才能作出判断。这些因素主要有名称、标准化合约、交割意图、保证金以及合约对应商品对交易者来说是否具有商业用途、是否可以现金清算等。由于全面审查原则需要进行大量的实质审查，其主观判断因素也较多，因此CFTC对认定标准进行了调整，发展出"三要素"原则。

## 二、"三要素"标准

"三要素"检验标准主要是指：第一，合同具有特定化条款，不可被其他商品销售合同所替代；第二，交易双方都是行业经营者；第三，交割不能无延期推迟，除非卖方向买方支付额外费用。只有具备上述三项条件的合同才属于美国《商品期货交易法》豁免的远期合约，否则可能构成期货合约。

从上述标准可以看出，美国对期货交易的界定注重对合同条款本身的判断，突出对交付目的的考察，建议我国构建期货与远期合约的界定标准，明确期货合约的实质定义。

首先，借鉴"三要素"标准，从合约条款本身入手，以合约本身的要素和性质来区别期货交易与非法期货交易，而不是仅仅依赖于对交易机制的判断。

其次，非法期货交易之所以被禁止在于其对社会公众利益可能造成的损害，因此一般社会公众参与也应是非法期货交易被归责的因素之一。故建议增加社会公众参与这个审查要素。

最后，建议突出对交易目的的考察，通过考察交易双方是否属于行业经营者，交易的基础商品是否对交易双方有商业价值等因素进行判断。

# 第三章 场外股票融资合同的效力认定

**理论热点**

对于场外配资目前并无明确的定义,深圳市中级人民法院《关于审理场外股票融资合同纠纷案件的裁判指引》(以下简称《裁判指引》)首次在司法实践层面为该类交易协议正名为"场外股票融资合同",《裁判指引》切割了合同效力与合同效果,将对场外配资行为的价值判断与民事责任剥离开来。《裁判指引》认为场外股票融资合同是一种"未经金融监督管理部门批准,法人、自然人或其他组织之间"进行的融资炒股交易,"属于《中华人民共和国合同法》第五十二条第(四)、(五)项规定的情形,应当认定为无效合同"。但笔者认为股票融资交易合同的效力认定应当在现行法律法规的框架下进行,需要考察合同双方主体的身份、交易的目的等因素。纯自然人之间的场外股票融资合同不宜简单认定为无效,法人与自然人之间的场外股票融资合同可能因为违反出借账户、接入外部信息系统、经营证券业务的相关法律法规而无效。

**案例简介**

2015年1月15日,陈某某(委托方)与牛某某(受托方)签订了一份《股票账户交易委托协议书》,约定:陈某某将下述股票账户与资金交付给牛某某用于股票投资交易。合作期间,账户盈利全部属于牛某某所有。为确保陈某某资金安全,控制风险,牛某某须交一定比例的风险保证金(1∶5)。本账户陈某某原始资金为300万元,牛某某原始资金为60万元作为保证金。牛某某每月5号向陈某某支付36000元作为利息。合同备注：第三人提供的股票账户，实际由原告控制。如发生任何纠纷与第三人无关，只在原告与被告之间发生债权债务关系。

2015年1月19日莫某某提供的原始资金配资款300万元全部到位。2015年1月19日被告提供的60万元保证金全部到位。上述360万元随即转入了股票交易账户。因股票行情较好，双方协商，仍按照1配5的比例，原告增加配资，被告提供相应保证金。2015年6月中旬开始，股票市场发生巨大跌幅，被告操作的股票出现严重亏损，原告要求被告补充保证金或平仓，被告请求原告不要平仓，承诺以购买的基金作担保。2015年7月27日被告向原告出具了《担保声明》。

原告认为被告约定的还款期限已过，被告炒作的股票账户亏损严重，至2016年2月1日股票账户的剩余资金仅为95.5万元。诉请：1. 判令被告向原告偿还2204579.48元；2. 判令被告向原告支付自2016年9月1日起的利息；3. 判令被告承担本案诉讼费用。

被告辩称：1. 本案的案由并非民间借贷纠纷，而是场外股票融资合同纠纷。2. 被告于2015年7月出具的《担保声明》具有两层法律意义：（1）被告同意以其申购的千石汇能2号B基金的到期收益对融资合同提供担保；（2）双方将合作期限延长至2016年6月10日。如6月10日合作期限届满股票账户不足以清偿原告借款，则由被告基金补足。3. 合同履行过程中，原告存在严重违约行为，损害了被告的正当利益：（1）股票市值触及平仓线时，原告没有按约平仓以减少双方损失。（2）在合资期限届满前，于2016年5月20日强行卖出四只股票，仅此一项使得被告损失了119513元。（3）原告擅自抽走资金，多提利息。综上，原告的诉讼请求不仅不应得到支持，反而应当赔偿被告损失，请求驳回原告的诉讼请求。

第三人述称，案涉股票账户和资金账户虽是第三人的，但由原告实际控制，本案纠纷是原告与被告之间就股票融资发生的纠纷，对第三人没有实际的权利义务影响。

## 审理结果

审理法院认为：从协议约定的权利义务看，本案不是民间借贷关系，而是场外股票融资合同关系。原告是配资方，原告按 1∶5 的杠杆比例，将自有资金或其他来源的资金出借给被告用于买卖股票，并固定收取利息。被告是融资方，被告将买入的股票及保证金让与原告作担保，设定警戒线和平仓线，原告有权在资产市值达到 95% 的平仓线后强行卖出股票以偿还本息。

关于原告与被告之间的场外股票融资合同的效力问题。审理法院认为，原告与被告之间的场外股票融资合同因损害了社会公共利益和违反了法律、行政法规的效力禁止性规定而无效。理由如下：第一，《证券法》第八十条规定，禁止法人非法利用他人账户从事证券交易；禁止法人出借自己或者他人的证券账户。第一百六十六条第一款规定，投资者委托证券公司进行证券交易，应当申请开立证券账户。证券登记结算机构应当按照规定以投资者本人的名义为投资者开立证券账户。《证券公司监督管理条例》第二十八条规定，证券公司受证券登记结算机构委托，为客户开立证券账户，应当按照证券账户管理规则，对客户申报的姓名或者名称、身份的真实性进行审查。同一客户开立的资金账户和证券账户的姓名或者名称应当一致。上述规定应为效力性强制性的规定。第二，《证券法》第一百二十二条规定，设立证券公司，必须经国务院证券监督管理机构审查批准。未经国务院证券监督管理机构批准，任何单位和个人不得经营证券业务。第一百四十二条规定，证券公司为客户买卖证券提供融资融券服务，应当按照国务院的规定并经国务院证券监督管理机构批准，即未经批准而经营证券业务的应属非法证券活动。因此，场外股票融资合同因违反《证券法》《证券公司监督管理条例》关于股票账户实名制、禁止违法出借证券账户、禁止未经批准经营证券业务的相关规定，规避了证券市场的监管，放大了市场风险，而且在市场急剧震荡时极易发生纠纷。因此，在当前的市场背景下，场外股票融资交易客观上破坏了金融证券市场秩序，损害了社会公共利益，属于《合同法》第五十二条第（四）、（五）项规定的情形，应当认定为无效合同。

## 法理评析

笔者认为原、被告与第三人之间的行为实质就是"场外配资"。对于"场外配资"目前没有明确的定义，实务人士与学者都有不同的看法。业界通常所说的"场外配资"是指证券公司以外的主体为投资者提供资金从事证券投资的行为。①

有学者认为"场外配资"是"游离在我国股票市场的场内融资融券业务以外的民间资本市场配资杠杆化行为"②；有学者认为"场外配资"就是"借钱炒股"或股票融资交易。③深圳市中级人民法院《关于审理场外股票融资合同纠纷案件的裁判指引》（以下简称《裁判指引》）首次在司法实践层面将"场外配资"涉及的约定定性为"场外股票融资合同"。④《裁判指引》指出场外股票融资合同属于《中华人民共和国合同法》第五十二条第（四）、（五）项规定的情形，应当认定为无效合同。

场外配资交易涉及的合同多种多样，例如借钱炒股合同、委托理财合同、合作合同、共同投资合同、信托合同等。现行法律法规对场外配资行为未作专门规定，导致实务中对配资合同的法律性质和效力认识不一。笔者认为"场外配资"依据参与的主体不同主要可以分为自然人之间的股票融资交易、法人（民间配资公司、典当行等）与个人之间的股票融资交易。由于参与者的身份、发挥的作用、引发的后果等不同，不同配资行为的效力认定也应有所区别，例如纯自然人之间的股票融资合同，笔者认为需要更多地尊重当事人意思自治，在现行法律法规明文规定的基础上作出判断，不能仅仅因为交易模式具有"配资"的特性就将

---

① 张彬：《论场外配资行为的监管——以美国U规则为借鉴》，载于《金融法苑》，总第92辑。
② 王洋：《中国股市的达摩克利斯之剑——场外配资》，载于《商业文化》，2015年第27期。
③ 刘燕：《场外配资纠纷处理的司法进路与突破——兼评深圳中院的〈裁判指引〉》，载于《法学》，2016年第4期。
④ 场外股票融资合同是指"未经金融监督管理部门批准，法人、自然人或其他组织之间约定融资方向配资方缴纳一定现金或一定市值证券作为保证金，配资方按杠杆比例，将自有资金、信托资金或其他来源的资金出借给融资方用于买卖股票，并固定收取或按盈利比例收取利息及管理费，融资方将买入的股票及保证金让与配资方作担保，设定警戒线和平仓线，配资方有权在资产市值达到平仓线后强行卖出股票以偿还本息的合同。包括但不限于具有上述实质内容的股票配资合同、借钱炒股合同、委托理财合同、合作经营合同、信托合同等"。参见《裁判指引》。

其简单归为"场外股票融资合同",否定其效力。

从判决书来看,本案属于自然人之间的配资行为。本案法院判定原告与被告之间的场外股票融资合同损害了社会公共利益,违反了法律、行政法规的效力禁止性规定,因而无效。但是我们看到,对于类似的行为也有法院作出了不一样的判断。在侯某某与福建某集团有限公司、许某某委托理财合同纠纷一案[①]中,一审法院认为双方当事人签订的《合作协议书》发生在普通当事人之间,系双方当事人的真实意思表示,内容没有违反法律、行政法规的禁止性规定,应确认合法有效。二审法院认为委托理财合同是委托人与代理人约定,委托人将其资金、证券等资产委托给受托人,由受托人在证券、期货等金融市场上从事债券等金融工具的组合投资、管理活动所签订的合同。从本案当事人之间签订的《合作协议书》的内容看,符合委托理财合同的特点。一审就本案合同性质的认定是正确的。合同中关于风险控制的条款,系出自缔约各方自愿,未违反现行法律、行政法规的禁止性规定,亦属有效。

笔者认为场外配资具有杠杆性,容易造成金融系统性风险,可能对场内融资构成不正当竞争,应当接受监管和限制。证券市场监管者从宏观角度出发,对配资行为进行否定性评价,开展了系列清理整顿工作。尽管清整活动情有可原,但其执法依据却饱受质疑。场外配资监管必要性来源于市场外部性,而非商事交易关系本身。[②] 因此在个案中对配资行为的效力进行认定,应当更尊重市场主体之间的意思自治,遵循现行法律法规的规定,虽然任何人不能从违法行为中获利,但其前提应是违反明文的"法"。本案认定合同无效的法律依据主要有《证券法》第八十条、一百六十六条、一百二十二条、一百四十三条以及《证券公司监督管理条例》第二十八条等,笔者认为上述规定作为本案合同无效的依据存在一定问题,逐一进行了梳理。

上述规定按照主要内容可以分为两类:

---

[①] (2014)闽民终字第1041号。
[②] 缪因知:《证券交易场外配资清理整顿活动之反思》,载于《法学》,2016年第1期。

## 一、账户实名制相关规定

第一,《证券法》第八十条规定禁止法人非法利用他人账户从事证券交易;禁止法人出借自己的或者他人的证券账户。可见,《证券法》禁止的是法人非法利用他人账户、出借自己或他人账户,并没有禁止自然人利用他人账户,也没有禁止自然人出借自己的或他人的账户,本案被告借用第三人账户的行为并未违反《证券法》第八十条的规定。

第二,《证券法》第一百六十六条第一款规定投资者委托证券公司进行证券交易,应当申请开立证券账户。证券登记结算机构应当按照规定以投资者本人的名义为投资者开立证券账户。该规定明确了投资者账户开立时的实名制要求,突出的是证券登记结算机构对投资者进行身份核对的义务。本案第三人陈某某的账户并不是以原告或被告的名义开立的,并未违反《证券法》第一百六十六条第一款的规定。

第三,《证券公司监督管理条例》第二十八条规定证券公司受证券登记结算机构委托,为客户开立证券账户,应当按照证券账户管理规则,对客户申报的姓名或者名称、身份的真实性进行审查。同一客户开立的资金账户和证券账户的姓名或者名称应当一致。该规定依然明确的是投资者账户开立时的实名制要求,突出的是证券公司对投资者身份的核对义务。本案涉及的证券账户开户显然未违反该规定。

第四,本案的判决书虽未提及但与账户实名制相关、争议较大的规定还有《证券登记结算管理办法》第二十二条:"投资者不得将本人的证券账户提供给他人使用。"该条规定将《证券法》规定的"禁止出借账户"扩展到了自然人。本案第三人将证券账户提供给原、被告使用的确违反了《证券登记结算管理办法》第二十二条的规定,但本案的股票融资交易合同是否据此无效呢?

首先,根据《最高人民法院关于适用〈中华人民共和国合同法〉若干问题的解释(一)》第四条的规定,合同法实施后,人民法院确认合同无效,应当以全国人大及其常委会制定的法律和国务院制定的行政法规为依据,不得以地方性法规、行政规章为依据。《证券登记结算管理办法》是证监会令,属于行政规章,不能直接作为认定合同无效的依据。

其次，笔者认为第二十二条不属于效力性强制性规定。一方面，《证券登记结算管理办法》并没有为第二十二条设置相应的罚则，也没有规定违反第二十二条将导致合同无效。另一方面，本案的合同虽然违反了该规定，但若使合同继续有效并不会直接损害国家利益和社会公共利益（虽然场外配资行为从宏观上来看影响了金融市场秩序，对社会公共利益产生了影响，但从微观的个案来看，纯自然人之间的合同继续有效并不会直接损害国家利益和社会公共利益）。因此，《证券登记结算管理办法》第二十二条的规定应当属于取缔性规定（管理性规定）。

此外，还有观点提到了证监会《关于清理整顿违法从事证券业务活动的意见》中"禁止机构和个人出借自己的证券账户，禁止借用他人证券账户买卖证券"的规定，但该规定属于规范性文件，不能直接作为否定合同效力的依据。

综上所述，本案不能依据上述账户实名制相关法规认定合同无效。

## 二、证券业务专营相关规定

《证券法》第一百二十二条规定，设立证券公司，必须经国务院证券监督管理机构审查批准。未经国务院证券监督管理机构批准，任何单位和个人不得经营证券业务。第一百四十二条规定，证券公司为客户买卖证券提供融资融券服务，应当按照国务院的规定并经国务院证券监督管理机构批准。即未经批准而经营证券业务的应属非法证券活动。

有观点认为场外配资的本质属于平等主体之间按照意思自治原则缔结的借贷合同，而配资服务机构作为中介，居间撮合借贷双方交易，既不直接提供融资资金，也不提供证券投资咨询，也没有对客户的证券账号直接控制或代为管理理财，不属于《证券法》规定的"证券业务"或"证券服务"，除《证券法》中"其他证券业务"或"证券、期货投资咨询"定义中第（五）项由证监会"认定的其他形式"以外，将其作为

"证券业务"或"证券服务"处理，欠缺法律依据。[①] 有的判决认为，配资行为实质为融资融券行为，配资方没有证券业务资质，没有取得证监会对经营融资融券业务的批准，违反证券法的强制性规定而无效。[②]

笔者认为"场外配资"是否构成证券业务需要具体问题具体分析。就本案而言，本案当事人之间的约定即使具有一定的融资交易特性，但也很难谓其为一项"业务"。因此，按照《证券法》未经批准禁止经营证券业务的相关规定认定本案合同无效欠妥。

综上所述，"场外配资"是否违法，场外股票融资合同是否无效不能一概而论。认定场外股票融资合同的效力应当结合交易特性、参与者发挥的作用、收入来源等因素具体判断行为性质。鉴于目前关于场外配资的法律法规尚不完善，司法机关应当以现行的法律法规为准绳，谨慎地认定合同无效，尤其是涉及单纯的自然人之间的约定。

### 理论探讨

不论是行政监管部门采取措施规范场外配资还是司法机关裁判场外配资纠纷，都需要完善的法律法规作为指引，"应急式"地寻找依据对场外配资交易主体进行处罚毕竟不是长久之计，完善法律法规才是治理好场外配资的基础。美国的 U 规则或许能为场外配资的治理和相关法律法规的完善提供一些思路。

美国并没有场外配资这个概念，但也存在与我国场外配资类似的行为。美国在经历了1929年的大崩溃后，为了避免大量融资证券交易导致的股价过度波动，《1934年证券法》授权美联储制定了证券融资交易规则，包括银行及非券商贷款人证券配资交易规则（简称 U 规则）、券商融资规则（T 规则）和证券融资借款人规则（X 规则）。U 规则与 X 规则规制的主要是券商之外的其他主体。美国监管当局通过 U 规则对场外配资行为实施了全面监管，对我国有如下启示：

---

[①] 找法网：《场外配资，法律与合规之辩》，http://china.findlaw.cn/gongsifalv/zhengquanfa/zhengquangongsi/qtyw/1279306.html，访问时间：2016年12月17日。

[②] 例如（2015）朝民（商）初字第3348号、（2015）余民二终字第3号。

## 一、统一监管

统一监管包括监管部门的统一和立法的统一。美联储是配资交易行为的监管主体，对证券融资交易进行全面监管。我国目前场外配资监管的主体较为分散，证监会、银监会、中国银行各有监管的业务条线，但场外配资涉及资金渠道、产品通道等问题，分散监管容易造成监管真空，也可能存在执法尺度不统一的问题。因此，治理场外配资建议明确监管主体，统一监管。

## 二、实质判断

美国 U 规则的一大特点就是对场外配资行为实行"实质性"判断，即不考虑配资行为所采用的具体法律形式，而是直接从法律效果上进行判断，以确定是否实质上为证券投资者提供了融资。[①] 随着信息技术手段的不断革新，各种披着合法外衣的场外配资行为层出不穷，要灵活处理场外配资，适应市场的创新发展，有必要借鉴"实质"判断规则，注重对法律效果的分析。

## 三、明确核心

美国 U 规则的监管核心是限额控制与信息披露。U 规则的限额控制是指监管者不允许贷款人对借款人的借款超出担保物的最大担保价值。信息披露可分为借款人的信息披露与贷款人的信息披露。借款资金的使用目的与借款资金占借款人证券投资的资金比例，由借款人自行向贷款人披露；而放贷总量由贷款人向监管者进行披露。[②] 通过限额控制和信息披露能够有效地控制场外融资对市场的影响，稳定社会预期。我

---

[①] 参见张彬：《论场外配资行为的监管——以美国 U 规则为借鉴》，载于《金融法苑》，总第 92 辑。

[②] 参见张彬：《论场外配资行为的监管——以美国 U 规则为借鉴》，载于《金融法苑》，总第 92 辑。

国在法律法规尚不完善的情况下规范场外配资，可以先明确监管核心，设定底线，再逐步引导金融创新。

### 四、设定豁免

为了不阻碍一些合理健康的融资行为，美国 U 规则包含了丰富而详细的豁免条款，例如公司豁免、目的豁免、对象豁免和紧急豁免。我国今后在完善场外配资监管法律法规时可以考虑设定一些豁免条款，在市场交易效率和交易安全中求得平衡，将监管带来的负面效应降到最低。

# 第四章 金融消费者的保护

**理论热点**

金融消费者是金融市场的重要参与者，也是金融业持续健康发展的推动者。但实践中对金融消费者的保护力度仍有待提升，金融消费者保护的法律法规还不够健全。目前，尚未形成金融消费者保护的专门法律，而金融消费者是否可以利用《消费者权益保护法》来维权，仍未形成统一观点。笔者认为虽然《消费者权益保护法》第二条规定消费者为生活消费需要购买、使用商品或者接受服务，其权益受本法保护，但《消费者权益保护法》第二十八条规定提供证券、保险、银行等金融服务的经营者，应当向消费者提供商品或者服务的数量和质量、价款或者费用等信息。因此，金融消费者与金融服务经营者的纠纷应受到《消费者权益保护法》的调整，金融消费者应当受到《消费者权益保护法》的保护。

**案例简介**

2001年12月5日，原告在被告某某证券股份有限公司深圳某某营业部开立普通账户，双方签署《指定交易协议书》，手续费为2.3‰。2012年6月13日，被告某某证券股份有限公司《客户佣金及利率设置审批表》注明，原告有效市值人民币107万元，"应客户要求，申请费率标准由2.3‰调到1‰"，原告普通账户的手续费降低至1‰。

2012年5月17日，原告向被告某某证券股份有限公司深圳某某营业部申请开立信用资金账户,签署了《融资融券交易风险揭示书》和《融资融券业务风险面谈记录》。其中《融资融券业务风险面谈记录》第4条注明"我公司的融资融券业务的收费标准是:信用账户内发生的普通交易和信用交易,一律按照2.5‰的标准收取手续费;我公司将暂免收客户担保品提交/返还,以及还券划转的20元手续费用;目前融资利率与融券费率均为9.1%,您是否理解并同意?"原告在下面签署了"理解并同意"(在第一次庭审中,原告否认《融资融券业务风险面谈记录》中第6条处签名为本人签名,也非同一时间签名,并向本院申请笔迹鉴定。经鉴字第6条署名字迹与样本字迹是同一人所写)。《融资融券业务风险面谈记录》最下方注明"以上访谈内容只作为我们认为需要向你提醒的重要事项,涉及融资融券业务的所有事项要以合同条款为准,请你务必仔细阅读《融资融券业务合同》与《融资融券交易风险揭示书》"。2012年5月21日,双方签订了《融资融券业务合同》,但未在该合同中另行约定交易手续费的收取标准。

2012年5月30日,原告把资金全部转入信用账户后至2013年11月28日,被告按2.5‰的标准向原告收取了手续费人民币159670.59元。

原告诉称,自己在2012年5月经被告引诱开立融资融券,被告要求原告在《融资融券业务风险面谈记录》上单方面签字,原告当时没有通读原文,未注意被告在文中隐藏了手续费的收费标准。2012年5月30日至2013年11月28日期间,按手续费收取比率为万分之四计算,原告遭受经济损失人民币134123.30元。2013年11月底,原告偶然了解到自己所付手续费比率远高于深圳普通账户证券交易手续费平均值;被告向原告收取手续费的比率实际为2.5‰,高于被告承诺的2.3‰;当原告把资产从普通证券账户转入信用账户后,在原告不知情的情况下被告立即把原告原普通证券账户的手续费收取比率下调到1‰。在发现被骗后,原告多次与被告交涉,并向证券监管部门投诉。2014年7月,被告曾向深圳证券期货业纠纷调解中心申请调解,但双方当事人没有达成和解协议。

基于上述事实,被告违反了《中华人民共和国证券法》第四十六条,剥夺了原告的知情权;严重侵害了《中华人民共和国消费者权益保护法》第十条赋予原告的公平交易权利。被告故意利用《融资融券业务风险面谈记录》标题来淡化原告对该内容的注意，插入收费条款，以骗取原告签字；被告特别强调该记录条款应以融资融券业务合同为准，但在融资融券合同中唯独不设置收费条款，却把该谈话记录作为其收费"合法"的唯一依据。同时，被告还故意向原告隐瞒普通证券账户的手续费比率已下调的事实。原告认为，被告的行为已经构成欺诈，必须依法追究其相应的法律责任。原告请求法院依法判令：1. 被告因欺诈向原告双倍赔偿多收取的手续费共人民币 268246.60 元；2. 被告承担本案全部诉讼费用。

两被告共同辩称：一、被告不存在欺诈等违法违规行为，双方的合同行为有效，应受到法律保护，被告无须承担双倍赔偿的责任。1. 手续费的收费比例是双方达成的合意，原告一直在使用信用账户，多次向被告借款或借券，已按 2.5‰ 手续费标准形成了事实上的融资融券业务关系，并享受被告提供的各项相关服务。《融资融券业务风险面谈记录》已经逐条告知并取得原告确认和同意；该记录经双方自由协商确定，其中就手续费按 2.5‰ 标准收取双方已达成合意。该记录是双方的民事合同之一。随后双方签署的《融资融券业务合同》未明确收费标准，因此，该记录的约定继续有效。2. 被告收取的手续费费率标准不违反国家法律、法规和行政监管部门的相关规定。二、被告对原告不构成欺诈，原告无权要求依据《消费者权益保护法》索赔。1. 本案不适用《消费者权益保护法》，不是该法保护的范围；《消费者权益保护法》调整的消费行为仅限于消费者为生活消费需要购买、使用商品或者接受服务的行为，购买股票不属于生活消费。2. 被告的融资融券交易手续费收费不存在欺诈。

## 审理结果

一审法院认为：本案为证券欺诈责任纠纷。

第一，《消费者权益保护法》第二条规定，"消费者为生活消费需要购买、使用商品或者接受服务，其权益受本法保护；本法未作规定的，受其他有关法律、法规保护"。显然，《消费者权益保护法》调整的消费行为仅限于消费者为生活消费需要购买、使用商品或者接受服务的行为，原告购买股票是一种投资行为，不属于为生活消费而接受被告的服务。同时，我国证券法律、法规等也未规定购买股票是消费行为，受《消费者权益保护法》的保护，证券公司存在欺诈行为须承担双倍赔偿交易手续费的责任。因此，本案不适用《消费者权益保护法》的调整，不存在双倍赔偿多收取交易手续费的问题。

第二，被告对原告是否构成欺诈应该根据最高人民法院《关于贯彻执行〈中华人民共和国民法通则〉若干问题的意见（试行）》第六十八条的规定进行判断，该条明确规定"一方当事人故意告知对方虚假情况，或者故意隐瞒真实情况，诱使对方当事人作出错误意思表示的，可以认定为欺诈行为"。具体分析如下：一、原告是一个成年人，且文化水平较高，原告在第4条下面签署了"理解并同意"，证明其阅读并知晓交易收费标准，而不是随便或者被骗签字。二、原告对被告的信任不能证明被告对其实施了欺诈的故意和行为。三、《融资融券业务合同》共69条，内容复杂，与之相比，《融资融券业务风险面谈记录》条文更少，更容易阅读和理解。原告提交的证据不能证明被告有骗取其签字的行为。四、不论原告申请调低还是被告私自调低普通账户的交易费标准，都不能证明被告有欺诈行为及故意。五、原告与被告在《融资融券业务风险面谈记录》约定信用账户内发生的普通交易和信用交易一律按照2.5‰的标准收取手续费，而没有在随后签订《融资融券业务合同》中约定交易手续费标准，该做法并没有违反法律法规的强制性规定。六、被告申请调解，不能因此认定被告某某证券股份有限公司深圳某某证券营业部存在欺诈行为。综上，原告的一系列推论没有相应的证据佐证或者缺乏证明力，不能证明被告存在欺诈行为。

第三，《融资融券业务风险面谈记录》第4条明确约定信用账户内发生的普通交易和信用交易一律按照2.5‰的标准收取手续费，该约定对双方当事人具有约束力。

第四，对于被告有没有在其营业场所的显著位置公示收费标准或者公示是否符合规定不是法院审理的范围。被告的行为是否存在违规，原告应该向政府有关主管部门投诉反映，由相关主管部门依法处理。

综上，驳回原告李某某的诉讼请求。

一审判决作出后，原告李某某不服，向广东省深圳市中级人民法院提起上诉。

二审法院认为：李某某与某某证券公司之间属于金融消费者与金融服务提供商的关系。某某证券公司及某某营业部在《融资融券业务风险面谈记录》中记载融资融券业务信用账户交易佣金标准，李某某签字确认，不构成欺诈行为。某某证券公司单方下调普通账户佣金标准，未通知李某某，侵犯了李某某的知情权、交易选择权和公平交易权，应赔偿由此造成的相应损失。原审判决认定事实清楚，但适用法律和实体处理部分不当，二审予以纠正。李某某的上诉请求，部分成立，二审予以部分支持。判决撤销深圳市罗湖区人民法院（2015）深罗法民二初字第4864号民事判决；某某证券股份有限公司深圳某某证券营业部应于本判决发生法律效力之日起十日内向李某某返还交易佣金人民币76941.97元及利息；某某证券股份有限公司对某某证券股份有限公司深圳某某证券营业部上述债务承担补充清偿责任；驳回李某某的其他诉讼请求。

### 法理评析

本案的二审撤销了一审的判决。一审认为本案不属于《消费者权益保护法》调整的范围，二审法院适用了《消费者权益保护法》，认为原被告之间存在双重法律关系，即证券交易代理合同关系和金融消费者与金融服务提供商关系，突出了对金融消费者知情权的保护。本案的争议点主要在于是否适用《消费者权益保护法》，以及《融资融券业务风险面谈记录》是否存在欺诈。

### 一、《消费者权益保护法》的适用

一审法院认为《消费者权益保护法》调整的消费行为仅限于消费者为生活消费需要购买、使用商品或者接受服务的行为，原告购买股票是一种投资行为，不属于为生活消费而接受被告的服务。同时，我国证券法律、法规等也未规定购买股票是消费行为，受《消费者权益保护法》

的保护。

二审法院认为2013年10月25日修订的《中华人民共和国消费者权益保护法》第二十八条明确规定："采用网络、电视、电话、邮购等方式提供商品或者服务的经营者，以及提供证券、保险、银行等金融服务的经营者，应当向消费者提供经营地址、联系方式、商品或者服务的数量和质量、价款或者费用、履行期限和方式、安全注意事项和风险警示、售后服务、民事责任等信息。"本案某某证券公司与李某某争议交易发生时间为2012年5月30日至2013年11月28日，前述《中华人民共和国消费者权益保护法》第二十八条已经修订。李某某主张某某证券公司违反了《消费者权益保护法》的相关规定，构成民事欺诈，侵犯了自己作为金融消费者的权益，要求某某证券公司及某某证券公司某某营业部赔偿相关损失，故一审认定本案案由为证券欺诈责任纠纷，定性准确，予以认同。

笔者认为本案是否适用《消费者权益保护法》首先需要解决下述几个问题：

第一，《消费者权益保护法》是否适用于金融消费者？

新《消费者权益保护法》第二十八条规定，采用网络、电视、电话、邮购等方式提供商品或者服务的经营者，以及提供证券、保险、银行等金融服务的经营者，应当向消费者提供经营地址、联系方式、商品或者服务的数量和质量、价款或者费用、履行期限和方式、安全注意事项和风险警示、售后服务、民事责任等信息。有观点认为该规定将金融消费者明确纳入了《消费者权益保护法》的保护范围，但也有观点认为尽管新《消费者权益保护法》增加了第二十八条这样的条款，但是其第二条对消费者的定义并没有改变，仍然将"消费者"界定为"为生活消费需要购买、使用商品或者接受服务"，对于消费者是否包括金融消费者并没有作出明确界定。修订后的《消费者权益保护法》能否适用于金融消费者权益保护领域，能否直接约束金融机构在法理和操作上尚不明确。①

尽管2012年起"一行三会"就设立了保护金融消费者的专门机构，

---

① 夏伟亮：《〈消费者权益保护法〉在金融消费领域的适用》，载于《南方金融》，2014年第4期。

2015年国务院办公厅发布了《关于加强金融消费者权益保护工作的指导意见》，但金融消费者具体如何界定尚无明确法律规定。美国设有专门的金融消费者保护法，金融消费者主要指金融机构的个人客户（包括家庭），或者代表个人实施该行为的代理人或受托人。有的国家法律还包括小型企业，有的国家甚至不区别主体的类型。

在法律法规缺乏明确规定的情况下，是否适用《消费者权益保护法》保护金融消费者，可以综合考察立法原则、市场普遍共识和国际立法趋势。

首先，不论是《证券法》《银行法》还是《保险法》这些金融基本法律，都明确了保护相应"客户"的合法权益。[①] 其次，随着时代的发展，个人和家庭财富的增长，消费者的生活需要不仅仅局限于吃饭穿衣等基本物质需求，为了保障物质和服务消费需求而实现个人和家庭财富保值增值的金融投资需求也成为普遍需求，日益成为个人生活的重要组成部分。另外，诚如二审法院判决所言，与金融市场上的金融机构相比，个人在专业知识水平、信息收集和理解能力、经济实力、交易经验等各方面处于明显的弱势地位，承认包括业余证券投资者在内的参与金融活动的个人的消费者身份，将消费者保护理论及立法扩展到金融领域，以保护金融消费者合法权益，培育理性的金融消费意识，规范金融市场服务行为，推动形成公平公正的市场环境和市场秩序，有效维护金融创新、发展和安全，是中外金融法和消费者权益保护法领域的普遍理论共识和立法趋势。

《消费者权益保护法》本身就具有倾斜保护的特征，是对在交易中处于弱势地位的消费者的保护，是对交易双方利益的平衡。笔者认为购买金融产品的主体并非全部需要受到特殊的保护（例如专业机构投资者），因此受到法律特殊保护的金融消费者应当是处于相对弱势地位的非专业投资者。就本案而言，尽管李某某作为证券投资者与为了生活消费需要购买、使用商品或者接受服务的普通消费者并不完全相同，但新《消费者权益保护法》体现了对金融消费者进行保护的立法意图，适用

---

[①] 《证券法》保护投资者，《银行法》保护商业银行、存款人和其他客户，《保险法》保护保险活动当事人。

《消费者权益保护法》保护处于弱势的个人证券投资者符合立法本意和国际趋势。

第二，新《消费者权益保护法》是否可以适用于实施前的行为？

上诉人认为本案某某证券公司欺诈行为发生在 2012 年 5 月 30 日至 2013 年 11 月 28 日，应适用修订前的《中华人民共和国消费者权益保护法》，其中包括关于构成欺诈两倍赔偿的相关规定。被上诉人认为本案不属于《消费者权益保护法》调整的范围，一审法院关于此问题的认定是正确的，李某某在上诉状中提到《消费者权益保护法》第二十八条的规定，实际上该条规定是在 2014 年生效的文件，而双方的法律行为发生在该新法生效之前，应该适用行为当时的法律规定，依据当时的《消费者权益保护法》总则的条款规定，本案涉及金融服务，不属于生活消费类的服务，因此不适用《消费者权益保护法》。二审法院认为本案某某证券公司与李某某争议交易发生时间为 2012 年 5 月 30 日至 2013 年 11 月 28 日，前述《中华人民共和国消费者权益保护法》第二十八条已经修订。

本案李某某与某某证券公司争议发生时间为 2012 年 5 月 30 日至 2013 年 11 月 28 日，《消费者权益保护法》实施于 2014 年 3 月 15 日，显然争议行为发生在新法正式实施前。二审法院将争议行为发生时新法已修订作为援引依据，略为不妥。

笔者认为本案虽发生在新法实施之前，但可以适用《消费者权益保护法》，保护弱势一方的合法权益，理由如下：

一是《中华人民共和国立法法》第九十三条规定，行政法规、地方性法规、自治条例和单行条例、规章不溯及既往，但为了更好地保护公民、法人和其他组织的权利和利益而作的特别规定除外。根据"从旧兼有利"的原则，适用新的《消费者权益保护法》对于维护处于交易弱势一方的原告更有利，因此在本案中适用新的《消费者权益保护法》于法有据。

二是民商事法律制度目前尚无统一的溯及力规定，散见在各个司法解释中，主要有以下几种：不溯及既往、跨法从新、合同有效优先、空白追溯、特殊溯及等。① 《合同法》司法解释（一）规定了空白追溯，即《合同法》实施以前成立的合同发生纠纷起诉到人民法院的，除本解释另有规定外，适用当时的法律规定，当时没有法律规定的，可以适用《合同法》的有关规定。根据《合同法》解释的精神和成例，在法院审理阶段，适用《消费者权益保护法》新增的第二十八条作为裁判依据也有其合理性。

三是金融消费者是金融市场的重要参与者，也是金融业持续健康发展的推动者。随着我国金融市场改革发展的不断深化，金融产品与服务日趋丰富，在为金融消费者带来便利的同时，也存在提供金融产品与服务的行为不规范，金融消费纠纷频发，金融消费者权益保护意识不强、识别风险能力亟待提高等问题。鉴于我国目前尚无金融消费者权益保护专项法律，通过《消费者权益保护法》弥补《证券法》《保险法》等金融法律法规对金融消费者保护力度不够的情况，有极其重要的现实意义。

## 二、《融资融券业务风险面谈记录》是否存在欺诈

原告认为《融资融券业务风险面谈记录》不属于正式的合同条款，被告故意隐藏了佣金条款，构成欺诈。一、二审法院均认为被告不构成欺诈。首先，某某证券公司在《融资融券业务风险面谈记录》中明确记载并告知了两融业务信用账户交易佣金的标准，而且其后也是按照此标准收取，并无隐瞒真实情况或故意告知虚假情况。李某某也在《融资融券业务风险面谈记录》该条佣金标准内容后签署了"理解并同意"，李某某理应履行理性人的注意义务，可以证明或推定其阅读并知晓交易收费标准。就金融消费者保护而言，在强调对金融消费者全面保护、倾斜保护、加强金融机构说明义务的同时，还有对投资者适度保护的原则，强调投资者自我注意和成长。

二审法院在否定被告构成欺诈的同时，认为被告无证据证明降低原

---

① 《民事法律中有关溯及力的规定及分类》，http://www.docin.com/p-357233019.html，访问时间：2016年12月17日。

告普通账户佣金通知了原告,损害了原告的知情权,突出了对金融消费者知情权的保护,对于保护金融消费者的合法权益具有十分积极的意义。

**理论探讨**

自2008年金融危机后,世界各国各地区的金融法变革都逐步强化了对金融消费者的保护。目前我国大陆尚未明确界定"金融消费者"的概念,也无专门的《金融消费者保护法》。随着金融业综合经营趋势日益明显,金融产品不断创新,出现了金融机构与消费者之间的信息不对称、金融消费者权益被侵害的问题。在全球金融监管改革的趋势下,积极主动借鉴金融消费者保护的先进经验,对于完善我国大陆金融消费者权益保护的法制框架有着积极意义。

## 一、美国金融消费者保护

### (一)金融消费者的概念

2010年7月美国颁布了《多德—弗兰克华尔街改革与消费者保护法案》,首次统一了金融消费者保护立法,将受保护的金融消费者界定为"消费金融产品和服务的自然人或者代表该自然人的经纪人、受托人或代理人"。其中,消费金融产品主要是指消费者为个人、家人或家庭目的使用的金融产品或服务。

### (二)金融消费者保护机构

《多德—弗兰克华尔街改革与消费者保护法案》设立了独立统一的金融消费者保护机构——消费者金融保护局(CFPB),其所监管的金融产品和服务基本上都属于银行业务,如住房按揭、信用卡、车贷、担保服务等,但将受保险监管机构和证券监管机构监管的对象排除在CFPB的监管范围之外。

## 二、英国金融消费者保护

### (一) 金融消费者的概念

总的来说，英国的金融消费者涵盖的范围较广。《金融服务与市场法》将金融消费者界定为：那些正在使用、已经使用，或者正考虑使用受监管金融服务[①]的人，与受监管金融服务有权利、利益关系的人，在使用金融服务（由授权人或其代理人提供的）时权利和利益会受到不利影响的人。在金融服务监管局（FSA）的《监管手册》中，进一步将受保护的金融消费者界定为"并非出于贸易、商业或职业目的行事的自然人"。此后，《2012年金融服务法》将监管对象范围扩展为被授权人、电子货币发行商、支付服务供给商。

### (二) 金融消费者保护机构

《2012年金融服务法》撤销了金融服务局（FSA），分拆后由金融行为局（FCA）和审慎监管局（PRA）分别承担FSA原有的职能。FCA的核心目标是使金融消费者获得公平待遇、公平竞争，保证金融市场良好运行。英国设立了金融申诉专员制度，金融申诉专员服务公司（FOS）主要负责处理消费者与金融机构之间的各类争议，免费为消费者提供司法救济之外的金融纠纷解决途径。

## 三、我国台湾地区金融消费者保护

### (一) 金融消费者的概念

我国台湾地区2011年6月通过的"金融消费者保护法"第四条规

---

[①] 2001年英国《〈金融服务与市场法〉(受监管活动)指令》进一步明确，受监管活动具体包括吸收存款、订立并执行保险合同、作为委托人或代理人进行投资活动、安排投资交易、投资管理、协助管理和履行保险合同、保管和经营投资、发送无纸化说明、建立共同投资计划、建立存托养老金计划、提供投资建议、劳合社的活动、葬礼计划合同、受监管的抵押合同、同意开展指定的活动等，并对一些例外的情况，以及在一些特定活动中不受保护的对象进行了说明。

定:"本法所称金融消费者,指接受金融服务业提供金融商品或服务者。但不包括下列对象:一、专业投资机构。二、符合一定财力或专业能力之自然人或法人。"同时,第三条规定:"本法所定金融服务业,包括银行业、证券业、期货业、保险业、电子票证业及其他经主管机关公告之金融服务业。"从第四条规定来看,在财力和专业能力上处于弱势地位的法人也应在其法律保护范围之内,但具备一定财力或专业能力的自然人不在保护范围之内。

### (二) 金融消费者保护机构

我国台湾地区建立了全覆盖的金融业消费争议处理机构,归口管理传统金融及其他新兴金融业态的消费纠纷。金融消费者争议处理机构通常会调解,调解不成,则进入评议,如果消费者不能接受评议决定,则可以提起诉讼。一般的评议结果金融机构必须接受,除非赔偿金额达到100万元以上,充分体现了对金融消费者的倾斜保护。

美国、英国,以及我国台湾地区的金融消费者立法和实践虽然各有不同,但为我们提供了很好的借鉴,为进一步完善我国大陆金融消费者保护体系,我们建议:

一是完善金融消费者保护法律法规。不论是美国、英国、日本、加拿大等国还是我国台湾地区,都明确将金融消费者纳入法律保护的范畴,制定了基本的原则和法律制度,明确了金融机构的义务和行为规范。我国目前非常重视金融消费者的保护,"一行三会"都在各自的领域强化对金融消费者的保护,新的《消费者权益保护法》也增加了金融消费相关的条款,但是由于相关法律法规尚不完善,在实践中对金融消费者的保护效果和力度仍有待提升。建议进一步完善金融消费者保护的法律法规,为金融消费者保护打下坚实基础。

二是强化消费者权益保护机构。尽管"一行三会"都设立了消费者权益保护的机构,但随着交叉持牌、混业经营的趋势,分散的消费者保护机构可能不利于对消费者的全面保护。美国创立消费者金融保护局的做法对我国有一定的借鉴意义。目前我国证券业协会、期货业协会等自律部门也在逐步发挥金融消费者保护的作用,建议我国充分发挥监管和自律协作的优势,进一步强化消费者权益保护机构的建设。

三是完善消费者纠纷解决机制。英国和我国台湾地区都很重视诉讼替代机制，建立了独立于金融机构和消费者的第三方纠纷解决机构，对于公平、快捷地解决金融纠纷有着积极意义。我国大陆也正在逐步完善多元化纠纷解决机制，搭建了一些纠纷调解平台，对于维护消费者合法权益起到了积极作用。但是目前的纠纷解决机制尚不能满足日益增长的纠纷解决需求，金融消费者对调解和仲裁的认可度还有待提高。